如何成为优秀的IT售前工程师

杨青林 著

北京邮电大学出版社
www.buptpress.com

内 容 简 介

本书从售前支持工作实践出发，系统地介绍了作为一名 IT 售前工程师应掌握的基础知识和必备技能，涵盖了从客户拜访，到方案编写，再到投标支持等售前支持工作中的全部内容。书中既有丰富的理论知识，也有实用的操作指南，还有典型成功案例分享。

本书既可以作为 IT 售前初学者的入门教程，也可用于职场人士系统地学习、了解售前支持业务知识，并在实际工作中参考借鉴。

图书在版编目(CIP)数据

如何成为优秀的 IT 售前工程师 / 杨青林著. -- 北京：北京邮电大学出版社，2019.4（2023.10 重印）

ISBN 978-7-5635-5700-4

Ⅰ. ①如… Ⅱ. ①杨… Ⅲ. ①高技术产品—市场营销学 Ⅳ. ①F764

中国版本图书馆 CIP 数据核字(2019)第 056365 号

书　　　名：如何成为优秀的 IT 售前工程师
著作责任者：杨青林　著
责 任 编 辑：廖　娟
出 版 发 行：北京邮电大学出版社
社　　　址：北京市海淀区西土城路 10 号（邮编：100876）
发　行　部：电话：010-62282185　传真：010-62283578
E-mail：publish@bupt.edu.cn
经　　　销：各地新华书店
印　　　刷：北京虎彩文化传播有限公司
开　　　本：720 mm×1 000 mm　1/16
印　　　张：15.5
字　　　数：252 千字
版　　　次：2019 年 4 月第 1 版　2023 年 10 月第 4 次印刷

ISBN 978-7-5635-5700-4　　　　　　　　　　　　　定　价：48.00 元

· 如有印装质量问题，请与北京邮电大学出版社发行部联系 ·

前　言

在 IT 行业近 20 年的工作经历中，我先后从事过软件产品开发、项目管理、售前支持和团队管理等工作，其中专业从事售前支持工作的时间最长，有 13 年之久。我从刚入门的初学者到有一定经验的职场人士，从单打独斗到团队管理，接触的客户和行业很多，工作内容也很全面，培养了很多售前新人，也帮助了很多销售同事达成业绩目标。

最近几年，尽管 IT 行业发展非常迅猛，但是很多专业的招聘网站却很难找到售前支持工程师这个岗位。与此同时，虽然 IT 行业分工越来越细，但是在很多 IT 公司，仍然有不少人以项目经理或者销售人员的身份兼职干着售前工作，对售前工作的重要性和工作内容缺乏系统的了解。而市场上也很少有专门介绍售前支持工作的专业书籍，即使有一些，但感觉缺乏系统性，很多应有的内容介绍得不够详细，不利于初级售前工程师学习，也无法给有经验的售前工程师提供更多帮助。2017 年下半年的某一天，和部门几个同事在工作之余闲聊起这个话题，大家一致提出：为什么不以团队名义，把自己多年的工作经验整理成册，以方便广大求职人员特别是初学者学习呢？想法有了，就有了行动的动力，但到了组稿时候，却发现由于各种原因，真正能参与编写的同事很少。包括我自己在内，因为工作忙碌、工作变动等原因也打了很多次退堂鼓，好在最后坚持下来，才有了今天大家看到的这本书。

本书是我多年实际工作经验的总结，以售前支持工作理论知识为基础，以售前支持工作进度为时间轴，讲述了从客户拜访，到方案编写，再到投标支持等全流程的工作内容。全书内容共分为 14 章，各章内容简述如下。

第 1 章从售前工程师的定义出发，介绍了售前工程师工作定位、售前工程师分类、售前工作类型等内容,并提出了售前成长路线和职业规划,以及售前工程师应具备的品质。

第2章介绍了售前工程师的必备技能,重点介绍了售前工程师应掌握的知识和基本技能,以及需要具备的相关能力等。

第3章至第6章,提出了售前工程师应熟练掌握的一些常用工具软件,包括Word、PPT、Excel、Visio、Axure等。从提高工作效率和质量角度出发,详细介绍了这些工具软件的功能、使用方法和技巧。

第7章介绍了和客户交流之前以及交流过程中,需要做的准备工作,包括几项主要工作内容和需要注意的问题。

第8章简要介绍了如何写好产品白皮书、行业解决方案和产品宣讲PPT等基础文档,以及如何写好解决方案、需求方案、建设方案、规划方案和投标方案等项目文档。

第9章以《中华人民共和国招标投标法》和《中华人民共和国政府采购法》为基础,通过如何阅读和理解招标文件,以及如何编制、检查投标文件等内容,对如何做好投标支持工作进行了详细介绍。

第10章描述了售前工程师和咨询顾问的区别,并从咨询顾问角度,详细阐述了如何写好项目建议书。

第11章介绍了售前工程师如何做好项目交接工作,包括与销售人员的交接工作和与项目经理的交接工作。

第12章总结了售前支持工作中的15个常见问题,希望能对初级售前工程师的日常工作有所帮助。

第13章"以互联网+政务服务"、人工智能、大数据等为例,描述了售前工程师应学习的最新的技术和发展趋势。

第14章分享了一个典型案例,描述了售前支持工作中关于客户拜访、方案编写、竞标谈判等过程中的工作经验和心得体会。

本书编写和出版,得到了很多同事、同学和朋友的大力支持和帮助。其中,冯占利、李红梅积极帮忙出谋划策,并参与了部分重要内容的资料收集和编写;项超和魏云庚,在我打算放弃编写本书的时候,鼓励我一定要坚持下去;翟福军、陈立立、王目建、闫华、赵宇、张旭东等人,或为我解答书籍出版方面的专业问题,或为我提出编写、修改建议,或积极为我联系出版社;在谢永江老师和马晓仟老师的帮助下,我最终选定了北京邮电大学出版社完

前　言

成本书的出版；责任编辑廖娟老师，从书籍出版的专业角度，对本书结构和内容进行了严格的审核，提出了宝贵的修改建议，在此对他们一并表示感谢。当然，最应该感谢的是我的妻子，有很多个夜晚，当我在键盘上"奋笔疾书"的时候，她默默地照顾孩子，辅导孩子作业，毫无怨言地支持我编写本书，付出了很多努力。

由于本人所处行业和日常工作内容的局限性，书中有些内容可能和读者的实际工作内容存在偏差，敬请广大读者谅解。另外，由于本人水平有限，加之时间仓促，书中仍难免有不妥和错误之处，在此恳请业内人士批评指正。

杨青林
2019 年 1 月

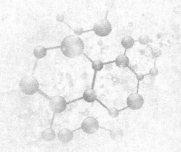

目 录

第1章 售前工程师定位 …………………………………………… 1

1.1 售前工程师的定义 ………………………………………… 1
1.2 售前工程师工作定位 ……………………………………… 2
  1.2.1 售前工作内容 ………………………………………… 2
  1.2.2 售前阶段工作目标 …………………………………… 3
  1.2.3 售前支持工作流程 …………………………………… 4
  1.2.4 售前工作术语 ………………………………………… 5
1.3 售前工程师分类 …………………………………………… 6
  1.3.1 顾问型售前工程师 …………………………………… 6
  1.3.2 销售型售前工程师 …………………………………… 7
  1.3.3 兼职型售前工程师 …………………………………… 7
1.4 售前工作类型 ……………………………………………… 7
  1.4.1 产品型售前工程师 …………………………………… 7
  1.4.2 项目型售前工程师 …………………………………… 7
  1.4.3 咨询型售前工程师 …………………………………… 8
1.5 如何理解售前工作 ………………………………………… 8
1.6 售前工程师和其他人员的关系 …………………………… 9
  1.6.1 售前工程师和销售人员的关系 ……………………… 9
  1.6.2 售前工程师和市场人员的关系 ……………………… 9
  1.6.3 售前工程师和产品人员的关系 ……………………… 9
  1.6.4 售前工程师和项目人员的关系 ……………………… 10
1.7 售前工程师成长路线和职业规划 ………………………… 10
1.8 售前工程师应具备的品质 ………………………………… 11

如何成为**优秀**的 IT 售前工程师

第 2 章　售前工程师必备技能 …………………………………………… 13

　2.1　基本技能 ……………………………………………………………… 13
　　2.1.1　需求理解能力 ………………………………………………… 13
　　2.1.2　交流沟通能力 ………………………………………………… 14
　　2.1.3　文档编写能力 ………………………………………………… 15
　2.2　需要掌握的知识 ……………………………………………………… 16
　　2.2.1　产品知识 ……………………………………………………… 16
　　2.2.2　行业知识 ……………………………………………………… 17
　　2.2.3　业务知识 ……………………………………………………… 18
　　2.2.4　基础软件知识 ………………………………………………… 19
　　2.2.5　基础硬件知识 ………………………………………………… 21
　　2.2.6　网络知识 ……………………………………………………… 25
　　2.2.7　系统安全知识 ………………………………………………… 28
　　2.2.8　软件开发知识 ………………………………………………… 32
　　2.2.9　项目管理知识 ………………………………………………… 33
　　2.2.10　最新热点知识 ………………………………………………… 35
　　2.2.11　社会阅历和经验 ……………………………………………… 36
　　2.2.12　其他 …………………………………………………………… 37
　2.3　能力建设 ……………………………………………………………… 38
　　2.3.1　基本的商务礼仪 ……………………………………………… 38
　　2.3.2　学习能力 ……………………………………………………… 38
　　2.3.3　"打杂"能力 ………………………………………………… 39
　2.4　了解竞争对手 ………………………………………………………… 39

第 3 章　售前工程师需要熟练掌握 Word 的使用 …………………… 41

　3.1　布局设置 ……………………………………………………………… 42
　3.2　页眉页脚设置 ………………………………………………………… 44
　3.3　封面设置 ……………………………………………………………… 47
　3.4　目录设置 ……………………………………………………………… 48
　3.5　正文格式设置 ………………………………………………………… 50

目 录

    3.6 章节序号设置 …………………………………………… 52
    3.7 复制章节内容和调整章节顺序、层级 ………………… 58
    3.8 图片编号设置 …………………………………………… 59
    3.9 表格设置 ………………………………………………… 60
    3.10 分页符设置 ……………………………………………… 61
    3.11 分节符设置 ……………………………………………… 62
    3.12 页码的交叉引用 ………………………………………… 62
    3.13 格式刷 …………………………………………………… 63

第 4 章 售前工程师需要熟练掌握 PPT 的使用 …………… 64

    4.1 PPT 模板选择与设置 …………………………………… 64
    4.2 素材选择 ………………………………………………… 66
    4.3 素材处理 ………………………………………………… 67
    4.4 样式设置 ………………………………………………… 69
    4.5 排版 ……………………………………………………… 70
    4.6 动画设置 ………………………………………………… 71
    4.7 切换效果设置 …………………………………………… 72
    4.8 默认格式设置 …………………………………………… 72
    4.9 颜色设置 ………………………………………………… 73

第 5 章 售前工程师需要熟练掌握 Excel 的使用 ………… 74

    5.1 通用设置 ………………………………………………… 74
    5.2 表格制作 ………………………………………………… 74
    5.3 数值计算及公式使用 …………………………………… 78
    5.4 冻结窗格 ………………………………………………… 79
    5.5 保护工作表 ……………………………………………… 81
    5.6 数据透视表 ……………………………………………… 82
    5.7 筛选 ……………………………………………………… 85
    5.8 排序 ……………………………………………………… 86
    5.9 生成图表 ………………………………………………… 88

第 6 章　售前工程师还需要掌握的其他工具软件 …………… 90

6.1　Visio ………………………………………………………… 90
6.1.1　流程图 ………………………………………………… 90
6.1.2　系统架构图 …………………………………………… 97
6.1.3　甘特图 ………………………………………………… 99
6.1.4　简单原型图 ………………………………………… 105

6.2　Axure ……………………………………………………… 107
6.2.1　母版的使用 ………………………………………… 109
6.2.2　页面设置 …………………………………………… 110
6.2.3　使用辅助线 ………………………………………… 113
6.2.4　部件的使用 ………………………………………… 114
6.2.5　交互条件设计 ……………………………………… 116
6.2.6　自适应视图设计 …………………………………… 119
6.2.7　原型发布 …………………………………………… 120

6.3　MindManager …………………………………………… 121
6.3.1　选择模板文件 ……………………………………… 121
6.3.2　增加主题 …………………………………………… 121
6.3.3　增加子主题 ………………………………………… 123
6.3.4　添加其他内容 ……………………………………… 123
6.3.5　调整顺序 …………………………………………… 124
6.3.6　内容展示 …………………………………………… 124

6.4　其他工具软件 …………………………………………… 126

第 7 章　如何准备和客户交流 …………………………………… 127

7.1　了解不同行业的客户特点 ……………………………… 127
7.2　了解客户具体情况 ……………………………………… 128
7.3　详细了解应用系统现状和客户需求 …………………… 129
7.4　有针对性地准备交流材料 ……………………………… 130
7.5　调试演示系统 …………………………………………… 131
7.6　和客户进行交流 ………………………………………… 132

7.7 需要注意的问题 …………………………………………… 133

第8章 如何写好售前文档 …………………………………… 136

8.1 制定文档编写规范 …………………………………………… 136
8.2 写好基础文档 ………………………………………………… 138
　8.2.1 产品白皮书 …………………………………………… 138
　8.2.2 行业解决方案 ………………………………………… 139
　8.2.3 产品宣讲PPT ………………………………………… 140
8.3 写好项目文档 ………………………………………………… 140
　8.3.1 解决方案 ……………………………………………… 141
　8.3.2 需求方案 ……………………………………………… 142
　8.3.3 建设方案 ……………………………………………… 143
　8.3.4 规划方案 ……………………………………………… 144
　8.3.5 投标方案 ……………………………………………… 144

第9章 如何做好投标支持工作 ……………………………… 146

9.1 学习招标投标法 ……………………………………………… 146
9.2 学习政府采购法 ……………………………………………… 148
9.3 阅读和理解招标文件 ………………………………………… 152
　9.3.1 招标文件的组成 ……………………………………… 152
　9.3.2 投标文件的构成 ……………………………………… 154
9.4 编制投标文件 ………………………………………………… 155
　9.4.1 报价文件 ……………………………………………… 156
　9.4.2 商务文件 ……………………………………………… 162
　9.4.3 技术文件 ……………………………………………… 166
　9.4.4 需要注意的问题 ……………………………………… 169
9.5 评审投标文件 ………………………………………………… 170
9.6 检查投标文件 ………………………………………………… 170
　9.6.1 检查哪些内容 ………………………………………… 171
　9.6.2 容易造成废标的因素 ………………………………… 172
9.7 做好讲标工作 ………………………………………………… 174

9.7.1 做好准备工作 …………………………………… 174
  9.7.2 讲标注意事项 …………………………………… 175

第 10 章 从售前工程师到咨询顾问 …………………………… 178

 10.1 咨询顾问需要具备的技能 ………………………………… 178
 10.2 什么是项目建议书 ………………………………………… 179
 10.3 电子政务类项目政策要求 ………………………………… 179
 10.4 如何编写项目建议书 ……………………………………… 180
  10.4.1 组成项目小组 …………………………………… 180
  10.4.2 做好需求调研 …………………………………… 181
  10.4.3 编写项目建议书 ………………………………… 182
 10.5 项目建议书的主要内容 …………………………………… 183

第 11 章 如何做好项目交接工作 ……………………………… 190

 11.1 与销售人员交接 …………………………………………… 190
 11.2 与项目经理交接 …………………………………………… 191

第 12 章 售前支持工作中的常见问题 …………………………… 194

第 13 章 售前工程师还要了解最新技术和发展趋势 …………… 202

 13.1 转变政府服务职能的"互联网＋政务服务" ……………… 202
  13.1.1 "互联网＋"的提出 ……………………………… 202
  13.1.2 "互联网＋政务服务" …………………………… 203
  13.1.3 建成效果 ………………………………………… 206
 13.2 蓬勃发展的人工智能（AI） ……………………………… 207
  13.2.1 人工智能的定义 ………………………………… 207
  13.2.2 核心技术 ………………………………………… 208
  13.2.3 人工智能在中国的发展 ………………………… 210
 13.3 被誉为重新定义世界的区块链 …………………………… 211
  13.3.1 什么是区块链 …………………………………… 211
  13.3.2 区块链的由来 …………………………………… 212

```
    13.3.3　区块链的核心技术 ·················································· 212
    13.3.4　区块链的特征 ······················································ 213
    13.3.5　区块链的应用前景 ·················································· 214
  13.4　极具应用价值的大数据 ······················································ 215
    13.4.1　大数据的由来 ······················································ 215
    13.4.2　大数据的定义 ······················································ 216
    13.4.3　大数据的价值 ······················································ 217
  13.5　方兴未艾的云计算 ·························································· 219
    13.5.1　云计算出现的背景 ·················································· 219
    13.5.2　云计算特点 ························································ 220
    13.5.3　云计算的主要服务形式 ·············································· 221

第14章　典型案例分享 ···························································· 223
  14.1　项目背景 ·································································· 223
  14.2　项目支持过程 ······························································ 223
    14.2.1　初次电话交流 ······················································ 224
    14.2.2　编写项目方案 ······················································ 224
    14.2.3　正式拜访客户 ······················································ 226
    14.2.4　编写竞标方案 ······················································ 227
    14.2.5　参与竞标谈判 ······················································ 228
    14.2.6　做好项目交接 ······················································ 229
  14.3　项目支持总结 ······························································ 229
    14.3.1　判断商机：宁可信其有 ·············································· 230
    14.3.2　编写方案：以客户需求为基础进行扩展 ································ 230
    14.3.3　拜访客户：结合客户场景，体现专业性 ································ 231
    14.3.4　竞标谈判：着眼当下，立足长远 ······································ 231

参考文献 ········································································ 232
```

第1章
售前工程师定位

1.1 售前工程师的定义

在IT行业,关于售前支持工作,业界并没有一个准确、清晰的定义,甚至很多人对售前支持还比较陌生。关于售前支持工作的定义,普遍可以理解为:售前支持工作是在项目跟踪过程中,售前人员和销售人员密切配合,完成客户拜访、技术交流、方案编写、投标支持等一系列工作的行为过程,争取项目达到最好结果——签约。售前工程师,即是这个过程中完成相关工作的技术支持人员。

展开来说,在公司内部,售前工程师是项目开发人员与销售人员之间的桥梁。在销售人员眼中,售前工程师扮演的是技术人员或技术专家的角色;在项目开发人员眼中,售前工程师是专注技术的销售人员;在客户眼中,售前工程师是代表公司技术水平的技术专家。

售前支持工作很重要,但是在各类招聘网站却很难找到这一职位,以至于很多想从事售前工作的求职者在投递简历时,不知道该选择哪个职位。图1-1和图1-2是从两个比较主流的招聘网站采集到的信息。

通过以上两个招聘网站的招聘信息可以看到,相比开发类和产品经理类岗位,售前工程师的岗位很难找到,这给求职者带来了很大困惑。

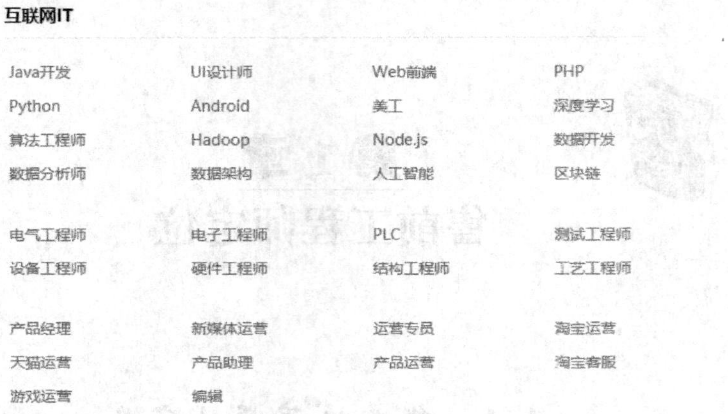

如何成为**优秀**的IT售前工程师

互联网IT

Java开发	UI设计师	Web前端	PHP
Python	Android	美工	深度学习
算法工程师	Hadoop	Node.js	数据开发
数据分析师	数据架构	人工智能	区块链
电气工程师	电子工程师	PLC	测试工程师
设备工程师	硬件工程师	结构工程师	工艺工程师
产品经理	新媒体运营	运营专员	淘宝运营
天猫运营	产品助理	产品运营	淘宝客服
游戏运营	编辑		

图 1-1 某招聘网站职位分类图一

互联网研发
Java Python PHP .NET C# C++ C Delphi Perl Ruby Hadoop Node.js
MySQL SQLServer Oracle DB2 MongoDB ETL Hive 数据仓库 DBA 数据挖掘
自然语言处理 搜索算法 推荐搜索 全栈工程师 Go ASP Shell HTML5 Android iOS WP
手机开发 移动开发 web前端 Flash JavaScript U3D COCOS2D-X 前端工程师 需求工程师
架构设计师 系统分析员 数据库开发 ERP技术 ERP开发 软件开发 嵌入式开发 语音开发 视频开发
图像开发 集成开发 仿真开发 游戏开发 测试工程师 自动化测试 功能测试 性能测试 测试开发
游戏测试 白盒测试 灰盒测试 黑盒测试 手机测试 移动端测试 硬件测试 测试经理

互联网设计
UI设计师 UED设计 UE设计 UX设计 网页设计 网页制作 施工

互联网产品
产品经理 产品主管 产品专员 产品助理 电商经理 电商主管 电商专员 电商助理 游戏设计
游戏策划

互联网运营
SEO优化 内容运营 产品运营 数据运营 用户运营 活动运营 商家运营 品牌运营 游戏运营
网络推广 网店运营 新媒体运营 运营专员 运营经理 运营总监 网站编辑 内容编辑 文案策划

IT运维
系统工程师 系统管理员 网络工程师 网络管理员 实施顾问 IT文员 IT助理 文档工程师 算法工程师

IT管理
首席技术官 CIO IT总监 IT技术 研发经理 研发主管 IT主管 IT执行 技术支持

图 1-2 某招聘网站职位分类图二

1.2 售前工程师工作定位

1.2.1 售前工作内容

售前工程师从初次和销售人员一起拜访客户,到最终签单,中间涉及的

第1章 售前工程师定位

工作内容相对比较多和杂。一般来说,售前工作内容主要包括以下部分。

- 客户拜访

这是售前工程师和客户建立联系的第一次机会。客户拜访主要形式是现场拜访,也有电话沟通、微信沟通、邮件沟通等形式。通过进行技术交流,让客户对公司情况和实力有初步了解。

- 项目方案编写

根据和客户沟通时了解的项目需求情况,编写针对性的项目方案。

- 投标方案编写

根据客户或招标代理机构发布的招标文件,编写正式投标方案。

- 投标支持

有的项目(如政府行业项目),递交完投标方案之后,不需要讲标,这时售前支持工作到此结束。而大部分项目,特别是企业行业项目,递交完投标方案之后,还需要讲标,而讲标工作一般由售前工程师完成,除非招标文件明确规定由项目经理讲标。在讲标之前,售前工程师通常需要准备讲标PPT、准备好演示系统,完成投标支持工作。

除了项目本身的支持工作外,软件公司的售前工程师一般还需要完成以下工作。

- 会议支持

编写会议资料(包括会场发放的宣传册、易拉宝宣传资料等)、会议演讲等。

- 市场活动支持

公司宣传资料编写、客户来访接待等。

1.2.2 售前阶段工作目标

虽然售前支持工作的总体目标是支持销售完成签单,但是售前工作是由不同阶段组成,只有每个阶段的工作都达成了目标,才能为最终签单打下坚实基础。在每一个工作阶段,售前工程师都应努力为自己的工作达成相应目标,才能提升项目签单的可能性,才能更好地体现工作价值,提高工作效率。

- 技术交流
  - 让客户认可公司产品和实力:这是最基本的要求,否则就是做了一次无用功。
- ➤ 突出公司产品优势：将公司产品最好的一面展示给客户。
- ➤ 争取一次交流搞定客户：多去交流一次都是增加成本。
- 项目方案
- ➤ 要有针对性：方案不能千篇一律，要让客户感觉是根据其需求量身定制的。
- ➤ 提高效率，减少返工次数：要充分理解客户到底想要什么、最关注什么内容。
- ➤ "薄的能写厚，厚的能写薄"：通过参考一些资料，把方案"写厚"对大多数人来说都不是问题，但是要把厚的方案"写薄"却不容易，要学会总结和提炼。
- 投标方案
- ➤ 针对性强，完全响应：需要根据招标文件的需求逐一响应。
- ➤ 有创新性内容：方案不仅为响应需求，而且要有高度、有创新性、有亮点。
- ➤ 完成质量高：提高方案编写效率和质量，节省时间。
- 投标讲标
- ➤ 突出方案重点，控制好讲标时间：在规定的时间内讲完，要突出方案中的重点，特别是和评分项有关系的内容。
- ➤ 自信答疑，应答如流：把售前工程师的价值充分展现出来，和专家进行有效沟通。
- ➤ 项目中标：达成最好的项目结果。

1.2.3 售前支持工作流程

售前工程师主要是和销售搭档做项目，所以售前工程师的主要工作都是由销售发起，包括客户拜访、方案编写、投标支持等内容，支持过程中可能还会涉及公司内外其他职能部门。在大多数软件公司，由于一位售前工程师通常需要支持多位销售人员，在项目比较多、时间冲突的情况下，售前工程师资源往往比较紧张，所以为了体现售前工程师工作价值，提高售前支持工作效率，合理调配售前支持资源，有必要建立售前支持工作流程。

该流程通常由销售人员提出售前支持申请，经过一系列工作，完成相关

第1章 售前工程师定位

内容。图 1-3 所示为售前支持工作参考流程。

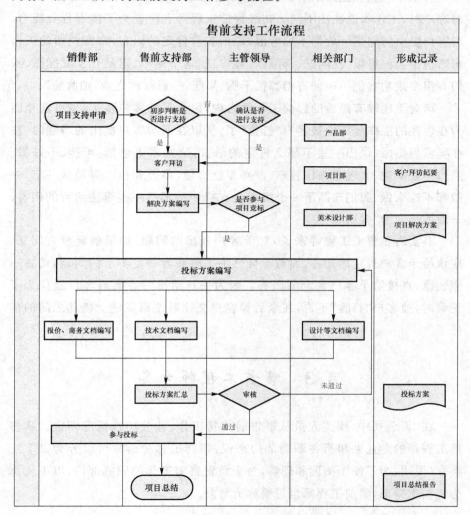

图 1-3 售前支持工作参考流程

1.2.4 售前工作术语

包括很多 IT 行业的从业人员在内,对 IT 售前支持工作都不太了解。售前工程师大多数存在于以项目建设为主的软件公司,很多互联网公司一般都没有售前支持这个工作岗位。所以,所谓专业的售前工作术语都是作者在实际工作中总结出来的,并不能称之为标准。

从工作经验和能力来看，初级售前工程师和有经验的售前工程师在面对客户时，工作术语往往不同。初级售前工程师有时候为了体现自身能力，对客户提出的问题一般都不加考虑，说出非常肯定的语言，常常使用的工作术语包括：行、可以、没问题、都能做、好实现、这个简单、定制开发就能做、我们有很多成功案例……回答得都很干脆、果断，一般被称之为"拍胸脯"。

而对于比较有经验的售前工程师来说，因为见的客户多了，也可能是因为在以往的工作经历中被客户"打脸"了，所以在面对客户提出的难题时，往往要深思熟虑，说出一些不那么肯定的语言，这些术语包括：可能、不好做、恐怕不好实现、实现起来比较难、没必要这么做、需要和技术再确认一下、一般都不这么做、我们产品下一个版本会支持……都是一些模棱两可的回答，一般被称之为"摸脑袋"。

其实对于售前工程师来说，对于客户提出的问题，如果确定没有问题，应该给予客户肯定的回答，而对于自己不了解或者答复不了的问题，切忌不懂装懂，直接给予客户肯定的回答。因为一旦给出的答案被客户验证为不正确时，被客户"打脸"不说，在今后和客户交往时便难以建立彼此之间的信任了。

1.3 售前工程师分类

在IT公司中，哪类人员从事售前支持工作，各公司视情况而定。从售前工程师的专业性和所在职能部门来说，售前工程师通常可以分为以下三类。（说明：为了便于阅读和理解，对于负责售前工作的职能部门，以下统称为售前支持部，售前工程师也可简称为售前。）

1.3.1 顾问型售前工程师

在软件公司里有专门的售前部门，一般称作售前支持部、销售支持部、解决方案部或者顾问咨询部，售前工程师是专职的售前人员，工作职责和工作内容非常清晰，只负责售前支持工作。除了日常的项目售前支持工作外，往往还会参与产品规划讨论、行业解决方案编写、市场活动支持等工作。

顾问型售前工程师常见于以产品为基础，产品＋定制开发型项目为主导的软件公司，一般把顾问型售前工程师称为专业售前工程师。

第1章 售前工程师定位

1.3.2 销售型售前工程师

销售型售前工程师一般是和销售人员一起捆绑背负销售任务,以完成销售额为目的。在这种情况下,销售可充当售前工程师,售前工程师也可充当销售,同时一般会配备商务助理协助完成招投标等相关事务。

销售型售前工程师常见于成熟型产品公司,或是大型软件公司事业部,特别是以软硬件集成为主的大型集成公司。

1.3.3 兼职型售前工程师

顾名思义,兼职型售前工程师一般来说指软件公司没有专门的售前支持部和售前人员,甚至可能销售都是由市场部人员兼职为主。兼职型售前工程师往往以项目经理的身份兼职居多,因为项目经理通常具有很强的技术功底和交流沟通能力。

兼职型售前工程师常见于规模相对较小的软件公司,特别是以开发类项目或行业性项目为主的软件公司。

1.4 售前工作类型

从售前工程师的工作内容来说,售前工程师又可以分为以下三类。

1.4.1 产品型售前工程师

产品型售前工程师主要工作是根据公司的软件产品特点,讲解、演示公司产品,突出产品优势,辅助销售进行有针对性的产品销售。一般常见于生产专业的、标准化程度很高的软件产品型公司,有成熟的基础产品,且产品一经正式发布,不再根据客户需求进行定制化开发,如操作系统类产品、财务软件类产品等。

1.4.2 项目型售前工程师

项目型售前工程师也可以称之为方案型售前工程师,主要工作内容是根据客户的需求撰写项目的定制化解决方案,不一定以公司现有产品为基

如何成为**优秀**的**IT**售前工程师

础,或者该公司还没有基础产品,方案要体现出针对性和专业性。一般常见于大公司中的大型、综合类项目,如某个新出现的项目。

1.4.3 咨询型售前工程师

咨询型售前工程师也称作咨询顾问。咨询型售前工程师对售前人员的能力要求非常高。一般在项目酝酿期或者项目早期介入到售前支持工作中,主要工作是给客户做中长期信息化发展规划,具体包括中长期信息化战略制定、近期具体项目规划、项目实施路线图等。如国内、国外一些大的咨询公司就有专门的IT咨询部门和咨询人员。

1.5 如何理解售前工作

一个优秀的售前工程师,在售前支持阶段,绝不能让客户理解为只是一个"忽悠者"。而除了做好售前支持工作外,售前工程师至少还应该发挥以下两种作用。

- 销售人员的"拐杖"

在项目支持过程中,一般是售前工程师和销售人员搭档跟踪客户,两者往往具有明确的分工。销售人员负责商务,包括客户关系维护、项目报价等事宜,对技术通常不擅长。而售前工程师就要充当好销售人员的"拐杖",演示公司产品功能,解答客户的技术问题,给销售人员提供强有力的技术支撑,和销售密切配合,完成销售业绩。

- 产品人员的"眼睛"

在不少软件公司,产品、销售、市场等部门分工明确,产品人员和客户接触的相对少一些,这样就容易闭门造车,导致开发的产品功能或不能满足客户当前需求,或已落后于市场使产品的竞争力大打折扣。而售前工程师因为经常在市场一线跟踪客户,能第一时间了解客户的需求和竞争对手的产品状况,如功能的有无、功能的优劣等情况。所以售前工程师需要具有敏锐的市场意识,将客户的需求和竞争对手的产品情况,及时反馈给产品部门,以便产品人员改进产品功能,提升产品的市场竞争力。

第1章 售前工程师定位

1.6 售前工程师和其他人员的关系

在售前支持工作过程中,售前工程师最主要的工作搭档是销售人员。销售人员做好商务工作,售前工程师做好技术支持工作,两者通力协作,才能为顺利拿下项目打下坚实基础。除此之外,在日常工作过程中,也需要和市场、产品、项目等不同岗位的人员产生工作交集。

1.6.1 售前工程师和销售人员的关系

销售人员的工作内容包括:发现商机、联系客户;记录客户问题;解答商务问题;随时进行商务沟通交流;打印、装订标书;参加投标。

售前工程师的工作内容包括:做好售前支持准备;讲解方案;演示产品;解答技术问题;保持技术沟通、交流;编写投标方案;检查标书并协助销售人员封装标书;参加投标、讲标。

在售前支持过程中,售前工程师要找准自己的定位,如涉及项目报价问题时,售前工程师一定不能越位,擅自给客户报价,或者干涉商务问题。具体来说,在项目前期售前工程师的工作内容主要是配合销售人员完成,在项目后期售前工程师的工作内容要占据主导地位,包括编写投标书、讲标等。

1.6.2 售前工程师和市场人员的关系

相对于互联网公司来说,很多软件公司特别是中小型软件公司的市场部职能相对较弱,基本上就是会议活动组织、公共关系维护等工作内容,市场人员技术基础普遍薄弱,对公司产品、行业发展趋势、竞争对手现状等情况了解不深。因此,在市场活动中,涉及给客户讲解产品、编写技术资料等工作,基本都是由售前工程师来完成。有些公司的市场部还负责接听潜在客户电话、接收电子邮件等,涉及的技术答疑通常也是转给售前工程师,由售前工程师给予专业解答。

1.6.3 售前工程师和产品人员的关系

售前工程师是产品人员的"眼睛",即售前工程师要将市场一线的客户需求和竞争对手的产品情况,及时反馈给产品部门,以便产品人员改进产品功能,提升产品的市场竞争力。

除此之外,在和客户交流时,涉及产品开发框架、功能二次开发等产品的细节问题时,一般也需要产品开发人员参与,这样才能和客户进行更直接、更深入的技术交流,打消客户对产品的疑虑。

1.6.4 售前工程师和项目人员的关系

在项目支持过程中,项目人员可能是除了销售人员之外,和售前工程师接触最多的人员了。首先,在标书编写过程中,通常会涉及项目人员安排,所以售前工程师首先需要了解每个项目人员特别是项目经理的学习背景、资质证书、目前工作情况等。其次,如果需要搭建针对性的演示系统,一般也需要项目人员给予支持。最后,为了防止售前阶段和项目实施阶段工作脱节,保证项目中标后顺利进入实施阶段,越来越多的投标项目客户都要求项目经理讲标以阐述对项目的理解,或者要求项目经理参加投标,或者在项目竞争过程中客户需要面试项目经理。由于项目经理一般不擅长讲标,这时售前需要给项目经理做好支持工作,包括准备PPT、讲标演练等。

1.7 售前工程师成长路线和职业规划

在很多软件公司,售前工程师可以说是一个最需要沉淀、最需要耐得住寂寞的工作岗位。售前工程师这个岗位最忌讳两点:一是频繁地换工作,二是频繁地换行业。这两点都不利于售前工程师的个人成长和职业发展。每个公司都有自己的产品、项目、客户案例,以及所对应的相关行业知识,售前工程师需要对这些有深入的了解,循序渐进,才能做好售前支持工作。

关于售前工程师的成长路线,从初入门的售前工作开始做起,可以分为入门(初级)、中级、高级、资深、专家五个阶段,各阶段特点如图1-4所示。

售前工程师的成长不宜"拔苗助长",应该一步一个脚印,踏踏实实做好每一个阶段的工作。如当售前工程师还不了解公司的产品时,一定不能让他独立外出拜访重要客户讲解产品,那样不仅可能损害公司形象,而且可能会打击售前人员的自信心,得不偿失。一般来说,初级售前工程师晋升到中级售前工程师,需要2~3年时间的工作历练,而越往后越难,所需经历的时

第1章 售前工程师定位

间也会越长。相比 IT 行业很多"35 岁现象"的工作岗位,售前工程师可能是职业周期相对比较长的岗位了。

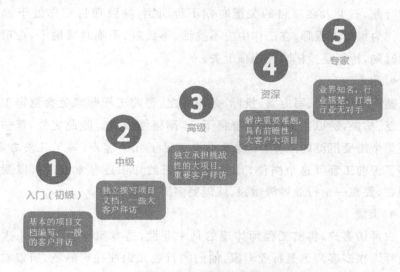

图 1-4 售前工程师成长规划路线图

1.8 售前工程师应具备的品质

不管是专业的顾问型售前工程师,还是销售型售前工程师或兼职型售前工程师,都应该具备的品质为专业、可信、责任、耐心、谦虚、忠诚。

- 专业

售前工程师的专业不仅体现在熟悉公司情况、产品、案例等基本信息,还体现在了解行业信息、动态和发展趋势等信息,以及给客户提交的方案也应该是专业的。另外,作为售前工程师,外出拜访客户时,往往代表公司,体现公司的形象,所以言行举止等都应该体现出售前工程师的专业性。

- 可信

通过和客户持续深入地交流、沟通,要让客户感觉到,售前工程师不仅是去推销产品,而且要做客户可信赖的朋友,让客户感受到是真心实意地帮助其解决信息化难题的,是帮助客户提升信息化建设水平的。同时,也要做销售同事们可信赖的朋友,帮助他们落实订单。

如何成为**优秀**的IT售前工程师

- 责任

责任最好的体现就是工作有担当、有责任心。IT行业是人员流动率较高的行业，不少人在项目的关键时刻不辞而别，导致项目工作处于被动状态。作为售前工程师，在工作中应不挑活、不畏难、不临时撂挑子，在项目的关键时刻，特别是投标阶段能顶上去。

- 耐心

整天拜访客户、写方案、投标，久而久之，售前工程师难免会觉得工作内容重复、枯燥，所以在工作中要静得下心，耐得住寂寞。除此之外，售前工程师还是个需要沉淀的工作，不能觉得自己见了几个客户，写了几份方案，就了解了售前工程师这个岗位，其实需要学习的知识还非常多。所以耐心还体现在，要在一个行业做深做强，就需要多沉淀、多历练。

- 谦虚

去拜访客户，售前工程师体现的是专业性，是专家身份。但"三人行必有我师"，很多客户也是行业专家，他们的行业知识往往更熟稔，所以在这个过程中，售前工程师也需要向客户学习行业知识或技术。同时，也需要向同事们学习知识与经验。

- 忠诚

其实忠诚不仅体现在IT行业，任何行业的员工都应该具备这样的基本品质。在日常项目跟进过程中，售前工程师会知悉很多项目情况，了解很多竞争对手，这时需对公司忠诚，不把项目情况透露给公司其他项目无关人员，更不能透露给其他潜在的竞争对手。同时，售前工程师也需要尊重竞争对手，不在客户面前诋毁竞争对手，不编造竞争对手的虚假信息。

第 2 章 售前工程师必备技能

上一章中,我们简单介绍了售前工程师的定义、工作内容、工作类型等基础内容,相信很多读者朋友对 IT 售前工程师有了初步的了解。

也许很多人想从事售前工作,但是不知道该学习什么、该做哪些准备工作;还有很多从事了多年售前工作的同仁,往往做得不是很好,很难再进一步。这是为什么呢?因为相对来说,售前对一个人的综合要求非常高,能"上知天文,下知地理"当然是最好,但这通常很难做到,退而求其次对本行业非常熟悉也可以,那么最低的要求是什么?本章将重点介绍售前工程师的必备技能,主要包括基本技能、需要掌握的知识和能力建设三部分。

2.1 基本技能

作为售前工程师,需掌握理解客户需求、和客户交流沟通以及编写项目文档这三项基本工作技能,简单总结起来就是"会想、会说、会写"。

2.1.1 需求理解能力

需求理解能力主要包括三个方面,即:能看懂书面需求、能听懂口头需求、能挖掘潜在需求。

- 能看懂书面需求

当客户想做一个项目时,他一般会有初步的想法。这个想法通常会整理成书面需求,但需求书一般来说都是比较粗糙、杂乱无章的,甚至是征集各业务部门想法拼凑而成的。所以,售前工程师在拿到这样的需求书后,应能快速理解客户具体想做什么、关注的重点在哪里,并抽丝剥茧,提炼出主要的功能点,然后在和客户交流时把其主要点逐一说出来。

- 能听懂口头需求

口头需求一般是在和客户面对面交流过程中,客户口头提出来的。这种口头提出来的需求,往往具有很强的随意性,特别是在参与交流的客户人员较多时,你一言我一句,如果不仔细倾听并加以分析,很难了解客户的真实想法是什么,甚至客户之间的想法本身就存在着矛盾。所以在这种场合,售前工程师要善于归纳总结,去除杂音,并及时针对客户提出的问题进行解答。

- 能挖掘潜在需求

售前工程师不仅需要了解客户的书面需求和口头需求,还需要挖掘客户的潜在需求,了解客户显性需求背后的想法,这样才能更加深入了解客户的真实想法。如有些行业客户的功能需求看上去可能比较简单,但因为具有很强的专业性,而客户又表达得不是很清楚,这时候售前工程师就需要充分挖掘需求,以免客户的实际想法和我们的理解产生大的偏差。

理解客户需求需要具备严密的逻辑思维能力和随机应变能力,会思考客户提问的初衷,以及可能想要得到的答案。只有理解清楚需求,才能有针对性的和客户交流,并在交流后提交更有针对性的技术方案。

2.1.2 交流沟通能力

这里所说的交流沟通能力,不是通常意义上的演讲、说话能力。关于演讲技巧、沟通技巧等方面的内容,有很多专业书籍可以参考,不在这里进行详细阐述。售前工程师的交流沟通能力,主要是指和客户交流时的能力。

拜访客户是售前支持工作中的最主要内容之一,在这个过程中,主要的工作内容是讲解 PPT,并针对客户提出的问题进行交流、讨论。需要注意的是,售前工程师对于要讲的每一页 PPT 内容,都应该有充分的了解。良好的交流沟通,应做到以下几点。

1. 自信

和销售一起拜访客户时,售前工程师就是技术专家,是去给客户解决问题的,所以交流时一定要展现出充分的自信,切忌心虚、害怕、脸红、流汗。而自信的基础来源于自己对需要讲解的内容掌握的熟练程度,来源于对客户业务的认知和理解。

第 2 章　售前工程师必备技能

2010年,作者的一位下属和销售一起去拜访保险公司客户,讲解保险电子商务平台解决方案,但是交流的效果非常差。后来问起原因时,她说一面对客户时,就突然紧张起来,提前做好的准备工作都白费了。开始讲PPT时,脑子一片空白,在讲当前页PPT时,不知道下一页PPT是什么内容,慢慢地声音也变小了,脸开始涨得通红,最后都不敢看客户了。因为这次的交流没有取得预期的效果,后来又专门去做了两次交流,无端增加了很多不必要的成本。

2．专业

售前工程师除了是技术专家,在客户面前体现的还应该是业务专家。去拜访客户前,一定要做好充分的准备工作,要了解客户基本情况,了解客户所在的行业情况,然后结合客户现状进行交流,这样往往能取得很好的效果。

3．结合客户业务场景进行讲解

同样是讲解PPT,有的售前工程师照着PPT念,没有重点、没有主次,听起来干巴巴的,给客户的印象不是很好。而优秀的售前工程师在讲解时,懂得结合客户的业务场景特别是目前存在的问题进行讲述。如介绍一个可视化编辑器的功能时,不能仅仅介绍编辑器哪项功能有多好。因为大家在发布信息时,基本上都是在Word或WPS等办公软件中编写完成后拷贝到文档编辑器中,做得不好的编辑器就会造成格式丢失、无关格式代码太多等问题,所以在介绍可视化编辑器功能时,针对这几个客户非常关心的问题进行讲解,往往能引起客户的共鸣,从而达到"一次拜访搞定客户"的目的。

4．幽默

幽默是很多场合交流沟通的润滑剂。和客户交流时,将当前的一些热点新闻、热门话题和词汇等调侃式融入相对专业的技术交流场景中,通常能起到轻松、活跃现场气氛的良好效果。当然,幽默也要把握好度,避免讲得太多,把正常的技术交流变成讲段子就不好了,偶尔点缀即可。

2.1.3　文档编写能力

编写文档是售前支持工作中另一项重要内容,很多刚刚从事售前工作的初级售前工程师通常是从编写基础文档开始,然后逐渐参与更多工作,包括拜访客户、编写投标方案、讲标等,所以编写文档是最基本也是最重要的能力,这就需要掌握 Word、Excel、Visio、Axure 等工具软件了。对于常用工具软件的使用,将通过几个章节进行重点阐述。

售前支持过程中的文档主要包括规划方案、需求方案、建设方案、解决方案、投标方案等。对于不同类型的项目文档,都需要掌握文档的结构、所需包含的内容、需要注意的问题等。对于如何编写不同类型的文档,在后面的章节里会有专门的介绍。

2.2 需要掌握的知识

售前工程师岗位对个人综合要求非常高,一个优秀的售前工程师,需要掌握的知识很多,用"上知天文,下知地理"描述也不为过。当然,一个人了解的知识不可能面面俱到,经过分类、归纳总结,主要应包括以下方面的知识。

2.2.1 产品知识

国家信息化经过多年建设,各行各业都已经有了很成熟的应用系统支撑日常办公,业界也都有了相应的专业公司和专业产品。除非产生了新的应用需求(如 2011 年北京市小客车指标调控管理系统等)需要开发全新的软件产品,否则在当前纯粹靠概念去和客户交流、推销产品已经变得很困难了。一般的软件公司,都会有自有的产品线,这些产品包括核心产品和主打产品,所以作为一名售前工程师,需要非常熟悉公司的主要产品,这样才能和客户进行深入交流,并给客户讲解演示。

关于产品知识,以软件产品为例,至少需要掌握以下内容。

- ➢ 公司有哪些主要产品?
- ➢ 各产品分别面向的行业客户是谁?
- ➢ 产品在哪些客户处得到了成功应用?
- ➢ 产品的开发架构和开发环境是什么?
- ➢ 产品支持哪些操作系统、哪些数据库、哪些应用中间件?
- ➢ 产品分别具有哪些大的功能项?这些功能是否都能讲解演示?
- ➢ 同行业里还有哪些类似的产品?

第2章 售前工程师必备技能

- 和竞争对手相比，产品的核心优势是什么？
- 产品未来的发展规划是什么？
- ……

对公司产品知识的了解，可以大大增强售前工程师的自信心，同时也可以通过售前工程师更好地将公司品牌和实力传递给客户。

2.2.2 行业知识

每个软件公司都有自己专注的行业，不管是行业通用软件还是专业的业务系统，公司都应基于对行业的理解和业务范畴开发相关的产品，所以针对不同的行业，售前工程师需要掌握相关的行业知识。在对行业知识的理解层面，首先要思考以下几个问题。

- 你的客户是什么行业？
- 这个行业有什么政策、文件指引？
- 该行业的以往情况是什么？
- 行业今后的发展趋势是什么？
- 同行业其他客户是怎么做的？
- 客户的具体要求是什么？
- 市场上有哪些竞争对手和成熟产品？
- ……

把这些问题理解清楚了，基本上对行业知识就有了深入的了解，这对售前支持工作的推进将产生很大的帮助作用。

以作者曾经从事过的政府门户网站建设项目为例。从1999年被定义为政府上网"元年"开始，各级地方政府普遍重视门户网站的建设，并且在2002年由中国软件评测中心开展了第一届政府网站绩效评估，拉开了"以评促建、以评促改"的帷幕。近些年来，国务院办公厅等政府网站主管部门先后出台了一系列政策文件，用于指导、规范政府门户网站的建设和评估，包括：

2007年4月，国务院发布《中华人民共和国政府信息公开条例》

2014年11月，国务院办公厅印发《关于加强政府网站信息内容建设的意见》

2015年3月，国务院办公厅发布《关于开展第一次全国政府网站普查的通知》

如何成为**优秀**的**IT**售前工程师

2016年1月,国务院办公厅印发《国务院部门权力和责任清单编制试点方案的通知》

2017年1月,国务院办公厅印发《关于"互联网+政务服务"技术体系建设指南的通知》

2017年4月,国务院办公厅印发《关于政府网站发展指引的通知》

……

这些政策文件是指导政府网站建设的"指南针",受各级政府重视。作为专业的售前工程师,除了要了解以往政府网站的建设背景和发展历史,更要及时关注、了解新出台的政策文件,并及时为政府客户进行解读,帮助其掌握政策中的核心内容和要点,并采取相应措施应对网站的绩效评估。

2.2.3 业务知识

和行业知识相比,业务知识往往更细致、更具体。在接触不同行业的客户时,除了学习大方向的行业知识外,更重要的是学习、掌握具体的业务知识。资深级、高级售前工程师通常都是对业务知识掌握得很好。

掌握业务知识不是一件容易的事情,需要花费大量时间去学习,并开展深入研究。2009年前后,全国各地保障房建设开展得如火如荼,作者所在公司瞅准商机,准备开发住房保障业务管理信息系统。为了把系统原型做好,首先从政策文件开始学习,了解保障房类型:保障性住房是指政府为中低收入住房困难家庭所提供的限定标准、限定价格或租金的住房,主要包括经济适用房、廉租房、公共租赁房、定向安置房和两限商品房等类型。熟悉了保障房的类型,再了解每种类型的保障对象、申请条件、需要准备的材料和申请流程等需求,最后根据需求开发对应的功能,对系统自然就有了深入的理解。

2012年,作者所在公司准备开拓保险行业,在保险门户网站上开发保险电子商务系统。我们学习了很多保险公司的网上投保系统,包括寿险和财险两大业务类型,并且亲自体验投保流程,包括保费试算、填写信息、在线投保、网上支付、网上续保、客户服务、理赔报案等功能。特别是网上投保流程,经过多次分析,梳理出既符合监管政策要求,又提升用户访问体验的投保流程,并将目标客户群锁定在寿险型公司。经过和多个客户交流,得到了很多客户的高度评价,让我们颇感自豪的是客户认为"我们走在了他们前

第 2 章　售前工程师必备技能

面"。短短两三年的时间,我们迅速收获了二十几家保险客户。

准备开拓一个新的行业时,只有走在客户前面,引导客户怎么做,才能在某个行业取得成功,快速占领市场。而这些正是售前工程师应做的工作。

2.2.4　基础软件知识

基础软件知识可以说是很多售前新人和没有开发经验的售前人员所欠缺的,而在给客户做系统部署配置时,都离不开基础软件的支撑。

基础软件主要包括操作系统、应用中间件、数据库等,以及其他辅助型软件,如高可用性集群软件、备份软件等。

1. 操作系统

操作系统主要包括 Windows、Unix、Linux 等,Windows 系统主要运行在个人计算机和 PC 服务器上。Unix 系统主要分为两大类,分别是由厂商支持的 System V 系统和类 Unix 的 BSD 系统。System V 系统包括 IBM 公司的 AIX、Sun 公司的 Solaris、HP 公司 HP-UX 等,BSD(Berkeley Software Distribution,伯克利软件套件)系统是 Unix 的衍生系统,现在用来代表由此派生出的各种套件集合。BSD 系统主要有 FreeBSD、OpenBSD、NetBSD、DragonflyBSD 等。

Linux 系统主要分为 Debian 系和 Redhat 系,Debian 系主要有 Debian、Ubuntu、Mint 等及其衍生版本,Redhat 系主要有 RedHat、Fedora、CentOS 等。

国内的操作系统包括中标麒麟、中科红旗等都是 Linux 系统。

对于这些不同的操作系统,我们需要了解各种操作系统的部署环境、最新主流的版本和型号等。Windows 操作系统可能大家都比较熟悉,一般的个人计算机、PC 服务器都能安装,而 Unix 操作系统,各主流厂商的 Unix 系统一般不能安装在 x86 架构的服务器,只能安装在本公司生产的小型机上,如 AIX 只能安装在 IBM 的小型机服务器上,不能安装在 HP、Sun 等公司的小型机上。而 Linux 系统基本可以安装在各种主流的服务器上,也许这就是其开源的特性之一。

所以当客户报出服务器的型号时,售前工程师第一时间就应该知道能安装什么类型的操作系统。

2. 应用中间件

应用中间件是一种独立的系统软件或服务程序，对应用系统软件的稳定运行提供支撑作用。最终用户并不直接使用中间件，或者在使用过程中根本感觉不到它的存在，但又是非常重要的软件产品。

从开发语言来说，支持 asp/.net 语言开发的程序运行的中间件主要有微软公司的 IIS，支持 Java 程序运行的国外应用中间件产品主要包括 WebSphere、Weblogic、OC4J 等商用系统，以及 Tomcat、Resin、JBOSS 等开源系统，国内的应用中间件产品主要包括东方通 TongWeb、金蝶 Apusic 等。

自从 Weblogic 所在的 BEA 公司 2008 年初被 Oracle 公司收购后，采用 Weblogic＋Oracle、WebSphere＋DB2 的配置方式越来越成为主流趋势。

3. 数据库

数据库产品包括关系型数据库和非关系型数据库。

国外的数据库产品主要包括 MS SQL Server、Oracle、IBM DB2 等商用产品，以及 MySQL、PostgreSQL 等开源产品，这些都属于关系型数据库，其中，SQL Server 只能部署在 Windows 操作系统，其他都可以跨平台部署使用。关于数据库的性能问题，特别是大数据量的存储方面，不少客户甚至有些销售人员都认为，SQL Server 没有 Oracle 好。虽然没有权威的测试数据，但是单论在单张数据库表中存储上千万条数据来看，SQL Server 其实并不比 Oracle 逊色，而一般的应用系统很难达到这么大的数据量。国内的关系型数据库产品主要包括人大金仓、神舟通用、南大通用、达梦等，在不少行业均已经到了广泛使用。

NoSQL(Not Only SQL)数据库是对于非关系型的一类数据库系统的统称。关系型数据库在管理键值对、文档、图片等类型数据上有所不足，NoSQL 则是针对各个类型数据的存储和访问特点而专门设计的数据库管理系统。最近几年，NoSQL 数据库发展迅猛，据不完全统计，目前市场上已经有上百种 NoSQL 数据库，包括 Redis 数据库、MongoDB 数据库、Tokyo Tyrant 数据库、Neo4j 数据库等。

NoSQL 数据库主要包括键值数据库、列存储数据库、文档数据库和图形数据库四种类型，不同产品都有各自不同的应用场景。近年来，随着大数据应用的不断扩展，NoSQL 数据库系统已经得到了广泛应用，各类 NoSQL 技术已日趋成熟。

第 2 章　售前工程师必备技能

基础软件产品的销售报价都比较复杂。售前工程师有必要了解这些报价策略，这样在给客户做项目预算的时候，才能使项目预算更准确。以某国外数据库产品销售为例，在销售策略（许可方式）方面，有很多种方式。既有标准版，也有企业版；既可以按用户数量销售，也可以按 CPU 数量销售。授权方式既包括全权使用方式，也包括嵌入式软件许可方式等。在给客户报价时，往往是多种策略的组合。虽然销售策略复杂，但各种产品的安装介质都是一样的，数据库产品厂商或者代理商提交给客户的是订单号以及客户服务号，纸质的程序使用通知函需要用户将申请表签字盖章后扫描给厂商，再由厂商将纸质的程序使用通知函发给用户，而且不提供原厂安装光盘（如果需要安装光盘，还需要另外付费）。而日常工作中，客户通常只说需要购买的最低配置，而且是按照数量（如 1 套）提要求，这样离实际的报价策略有很大的差异。作为售前工程师，了解产品的销售策略，可以帮助客户提前做好预算规划。

2.2.5　基础硬件知识

在云计算成为主流趋势之前，基础硬件曾经是客户非常看重的固定资产，甚至在信息化建设早期，有些客户一度"重设备管理、轻应用建设"。

基础硬件主要包括服务器、存储设备，以及其他辅助型硬件设备，如负载均衡设备等。

1. 服务器

对于做软件产品或项目为主的售前工程师来说，因为工作关系平时接触服务器可能比较少，甚至可能都不曾去过客户的机房，所以很有必要了解服务器的相关知识。

服务器从外形结构上可以分为塔式服务器、机架式服务器和刀片式服务器。

- 塔式服务器

机箱有点像早期的个人电脑的主机，占据空间比较大，所以一般不放置在机柜内，而是单独部署在机房的某个空间。如图 2-1 所示。

- 机架式服务器

机架式服务器是现在主流的服务器。由于占据的空间较小，非常适合政府机构和大型商业企业的密集部署，从而形成的以 19 英寸机架作为标准宽度的服务器类型。一个机架式服务器高度从 1U 到数 U 不等（1U 约等于 4.45cm，一个标准机柜的高度是 42U），常见的机架式服务器有 1U、2U、4U。将服务器部署到机柜上，除了节省机房空间，也非常方便日常维护和管理。如图 2-2 所示。

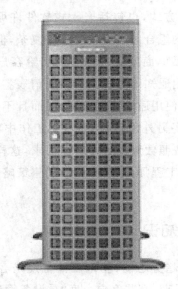

图 2-1　塔式服务器

图 2-2　机架式服务器

- 刀片服务器

这是一种 HAHD（High Availability High Density，高可用高密度）的低成本服务器平台，是专门为特殊应用行业和高密度计算机环境设计的，刀箱中的每一块"刀片"实际上就是一块系统母板，类似于一个个独立的服务器。在这种模式下，每一个母板运行自己的系统，相互之间没有关联。不过可以使用系统软件将这些母板集合成一个服务器集群，这样可以共享资源，为相同的用户群服务。如图 2-3 所示。

第 2 章 售前工程师必备技能

图 2-3 刀片服务器

服务器按照体系架构来区分,又可以分为 x86 服务器和非 x86 服务器。

- x86 服务器

这就是通常所说的 PC 服务器,也就是常见的普通服务器,使用 CISC(复杂指令集)处理器。它是基于 PC 机体系结构,使用 Intel 或其他兼容 x86 指令集的处理器芯片的服务器,可以安装各种主流操作系统。目前,国产服务器基本都是 x86 架构的服务器。

这种服务器价格相对便宜,兼容性好,但是性能相对较低,稳定性较差,主要用于中小企业和非关键业务中。

- 非 x86 服务器

包括大型机、小型机和 UNIX 服务器,它们是使用 RISC(精简指令集)或 EPIC(并行指令代码)处理器,并且主要采用 UNIX 和其他专用操作系统的服务器。大型机使用范围较小,只在一些对系统的可靠性、可用性、服务性要求极高的行业中使用,如金融行业、大型电子商务应用等。大型机市场主要是 IBM 公司 Z 系列产品,而小型机的生产厂商主要包括 IBM、HP、SUN 等公司。

非 X86 服务器相对来说价格昂贵,体系封闭,但是稳定性好,性能强,主要用于重要政府部门、金融、电信等大型应用的核心系统中。

2. 存储设备

存储设备是用于储存信息、数据的设备。日常说的磁盘阵列、磁带库等,都是常见的存储设备。随着技术的进步以及便于数据保存和恢复,目前使用磁带库用于存储介质已经非常少见。

网络存储技术是基于数据存储的一种通用网络术语,网络存储结构大致可以分为 DAS、NAS、SAN 三种结构。其中:

- DAS(Direct Attached Storage)

直连式存储,这是一种直接与主机系统相连接的存储设备,目前仍是最常用的数据存储方法。

- NAS(Network Attached Storage)

网络存储设备,这是一种采用直接与网络介质相连的特殊设备实现数据存储的机制。

- SAN(Storage Area Network)

存储区域网络,是指采用光纤传输方式,使存储设备相互连接,且与一台服务器或一个服务器群相连的网络。

从存储性能来说,SAN>NAS>DAS,而从经济效益角度出发,DAS>NAS>SAN。所以在给客户推荐存储方式时,需要基于性能和经济效益做出相对平衡的选择。

3. 辅助硬件设备

辅助硬件设备比较多,根据日常工作中接触情况这里重点介绍负载均衡设备。

对于日均访问量大、并发量高的应用系统,单一服务器可能无法解决性能问题,这时就需要多台服务器同时工作,减轻单台服务器的访问压力,从而保证系统的稳定运行。负载均衡设备就是将外部访问请求分摊至多个服务器上执行的设备,使得各服务器之间相互进行负载和备援,从而提高系统的访问性能。

常见的负载均衡设备,国外的主要有 F5、A10、Radware、Array,国内的主要有深信服等。

对于基础软件和基础硬件,说明以下三点。

① 自 2013 年"棱镜门"事件之后,信息安全受到高度关注,基础软硬件设备国产化和去 IOE(以 IBM 为代表的主机厂商、Oracle 为代表的数据库厂商、EMC 为代表的存储厂商)已经进入加速期。

② 越来越多的单位已经构建自有云中心,或者购买商业机构的云服务,如阿里云、百度云等,在规划系统时基本不再需要单独申报基础软硬件了。

③ 售前工程师去拜访客户,如果条件允许,不妨去客户的机房看看,了

第 2 章　售前工程师必备技能

解客户的基础软件和基础硬件使用情况，便于给其他客户做基础软硬件选型规划。

2.2.6　网络知识

售前工程师在写项目方案的时候，经常要画系统部署图、网络拓扑图。应用系统部署在哪台服务器上，服务器放在哪个网段，系统部署在哪个区域更安全等，这些问题都和网络知识有关。要了解网络知识，首先要了解有哪些网络设备，然后再了解网络分区，这样才能设计好系统部署图、网络拓扑图，让系统安全运行。

1. 网络设备

一个典型的网络系统，主要由路由器、交换机、防火墙、PC 电脑、服务器、存储等组成，还包括网闸等设备。读者对 PC 电脑、服务器等设备已经比较熟悉了，所以这里着重介绍路由器、交换机、防火墙、网闸等设备。

- 路由器

路由器英文名称为 Router，又称为网关设备（Gateway），是连接因特网中各局域网、广域网的设备，它会根据信道的情况自动选择和设定路由，以最佳路径，按前后顺序发送信号。路由器是互联网络的关键枢纽，也可以理解成是互联网的"交通警察"。如图 2-4 所示为常见路由器。

图 2-4　常见路由器

- 交换机

交换机英文名称为 Switch，意为"开关"，是一种用于电（光）信号转发的网络设备，它可以为接入交换机的任意两个网络节点提供独享的电信号通路。常见的交换机有以太网交换机、光纤交换机等。如图 2-5 所示为常见交换机。

- 防火墙

防火墙英文名称为 Firewall，是一个由软件和硬件设备组合而成、在内部网和外部网之间、专用网与公共网之间的界面上构造的保护屏障。它按

图 2-5 常见交换机

照系统管理员预先定义好的规则来控制数据包的进出,在互联网(Internet)和内部网(Intranet)之间建立起一个安全网关,保护内部网免受非法用户的侵入。

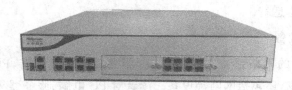

图 2-6 常见防火墙

- 网闸

网闸英文名称为 GAP,全称安全隔离网闸,又称"物理隔离网闸",是一种用以实现不同安全级别网络之间的安全隔离,并提供适度可控的数据交换的软硬件系统。网闸最主要的应用场景是:当高安全网络和其他低安全网络之间需要进行数据交换时,安全隔离网闸可以在保证系统安全的前提下,使用户可以在不同网络上的数据库之间交换数据,并可以在网络之间交换定制的文件。我国第一款安全隔离网闸产生于 2000 年,现在已经广泛应用于政府部门,以及金融、交通、能源等行业。如图 2-7 所示为常见网闸。

图 2-7 常见网闸

2. 内网和外网

简单地说,内网(Intranet)是一个单位(政府机关、企事业单位、科研院所、学校等)的内部局域网,IP 地址一般都是以 192、172、10 开头。处于内网

第2章 售前工程师必备技能

区域的计算机通过一个网关连接到外网。

外网一般为通常所说的互联网(internet)，可以不经路由器或交换机就可以直接被外界访问。外网区域的计算机都有一个或多个公网IP地址。

关于内外网联通的问题，这里有两个基本的概念：物理隔离和逻辑隔离，初学者可能还不清楚两者的区别。通俗讲就是，物理隔离是指内网和外网之间分开没有任何联系，即两者之间完全隔绝，互相不能访问；逻辑隔离就是隔离的两端仍然存在物理上数据通道连线，即内网可以访问外网，外网不能访问内网。一般的网络以逻辑隔离居多。

3. 了解政府"三网"

做政府项目的售前工程师，还需要知道，会涉及在政府机构内构筑以"三网"为基本架构的电子政务网络平台，即政务内网、政务外网和政务专网。

- 政务内网

电子政务内网主要是指用于政府内部办公，包括向机关工作人员提供服务及政府机关之间互联互通的网络。电子政务内网是电子政务的核心和基础之一，主要为领导决策和指挥提供信息支持和技术服务，并承担公文、应急、值班、邮件、会议等办公业务。

《国家信息化领导小组关于我国电子政务建设的指导意见》(中办发[2002]17号)要求，电子政务网络由政务内网和政务外网组成，两网之间物理隔离，政务外网与互联网之间逻辑隔离。政务内网可以分为政府局域网、城域网和广域网，党委、人大、政府、政协、纪委统一建网，避免重复建设，并通过多种手段保证信息安全。

- 政务外网

政务外网是中办发[2002]17号文件明确规定要建设的政务网络平台。政务外网与政务内网物理隔离，与互联网逻辑隔离，主要用于运行政务部门面向社会的专业性服务业务和不需要在内网上运行的业务，为政务部门的业务系统提供网络、信息、安全等支撑服务，为社会公众提供政务信息服务。

国家政务外网由中央政务外网和地方政务外网组成，主要服务于各级党委、人大、政府、政协、法院和检察院等部门，为各部门的业务应用提供网络承载服务，支持业务网络的互联互通，支持跨地区、跨部门的业务应用、信息共享和业务协同，满足各级政务部门社会管理、公共服务等方面的需要。

- 政务专网

除了政务内网和政务外网，有些政府机构还建设了政务专网。政务专网是党政机关的非涉密内部办公网，主要用于机关非涉密公文、信息的传递和业务流转，它与外网之间不是通过传统的防火墙来隔离，而是通过安全隔离网闸，以数据"摆渡"方式交换信息，以便实现公共服务与内部业务流转的衔接，具有较高的安全性。

4. 认识IPv6

IPv6是近几年关于互联网络的一个热词。2017年11月26日，中共中央办公厅、国务院办公厅印发了《推进互联网协议第六版（IPv6）规模部署行动计划》（简称"行动计划"），将IPv6上升到了国家层面建设网络强国的战略部署。IPv6是Internet Protocol version 6的缩写，即互联网协议第6版，被设计用于替代现行版本IP协议IPv4的下一代IP协议，号称可以为全世界的每一粒沙子编上一个网址。

IPv4发展至今已经使用了30多年。IPv4的地址位数为32位，也就是最多有2的32次方的电脑可以连到Internet上，总数大约是42亿个。而互联网经过30多年发展，基于IPv4的网络地址资源面临枯竭，严重制约了互联网的应用和发展。IPv6的使用，不仅能解决网络地址资源数量严重不足的问题，而且也可以解决多种接入设备连入互联网的障碍。IPv6采用128位IP地址，IP总数为2的128次方个，大大扩展了互联网IP地址的可用空间。

行动计划中提出：用5～10年时间，形成下一代互联网自主技术体系和产业生态，建成全球最大规模的IPv6商业应用网络，实现下一代互联网在社会各领域深度融合应用，成为全球下一代互联网发展的重要主导力量。

2.2.7 系统安全知识

安全管理是应用系统建设的重中之重。当前，网络安全事故层出不穷，特别是在重大活动或节假日期间，应用系统容易受到黑客攻击。同时，因为内部的安全管理等问题，也容易造成系统的安全隐患。作为售前工程师，需要了解和系统相关的安全知识。

1. 了解应用系统的安全等级

2001年1月1日开始实施的《计算机信息系统安全保护等级划分准

第 2 章 售前工程师必备技能

则》,将信息系统安全分为五个等级,分别是:

- 用户自主保护级(第一级)

信息系统受到破坏后,会对公民、法人和其他组织的合法权益造成损害,但不损害国家安全、社会秩序和公共利益。适用于普通内联网用户。

- 系统审计保护级(第二级)

信息系统受到破坏后,会对公民、法人和其他组织的合法权益产生严重损害,或者对社会秩序和公共利益造成损害,但不损害国家安全。适用于通过内联网或互联网进行商务活动,需要保密的非重要单位。

- 安全标记保护级(第三级)

信息系统受到破坏后,会对社会秩序和公共利益造成严重损害,或者对国家安全造成损害,适用于地方各级国家机关、金融机构、邮电通信、交通运输、重点工程建设等单位。

- 结构化保护级(第四级)

信息系统受到破坏后,会对社会秩序和公共利益造成特别严重损害,或者对国家安全造成严重损害。适用于中央级国家机关、广电部门、社会应急保障部门、国家重点科研机构和国防建设部门等单位。

- 访问验证保护级(第五级)

信息系统受到破坏后,会对国家安全造成特别严重损害。适用于国防、军队等关键部门和依法需要对应用系统实施特殊隔离的单位。

可以看到,从第一级到第五级,安全标准越来越高,越来越严格。

2. 应用系统应如何定级

应用系统的安全等级定级,并不是越高越好,要根据系统本身来定级。现在有不少客户,对运行在互联网的应用系统安全提等级要求时,经常说的就是系统安全要达到等保三级。但是从信息系统安全等级划分可以看出,其实这是一对矛盾体,因为在互联网端运行的应用系统原则上不能超过三级。对于这个问题,可以这样理解:

(1) 对于运行在互联网上的一般应用系统,不需要定为等保三级,但是可以按照等保三级的要求建设,以提高系统的安全性。

(2) 对于政府机构和金融行业的重要应用系统,如网上银行等,如果确实需要定为等保三级,可以采用 https 协议(默认访问端口为 443),对重要信息进行加密传输。目前很多银行的业务系统,以及一些电商平台都是采用这种方式。

3. 三级等保的安全要求

计算机信息系统三级等保的安全要求包括技术要求和管理要求两个方面,如图 2-8 所示。

其中技术要求包括物理安全、网络安全、主机安全、应用安全和数据安全;管理要求包括安全管理制度、安全管理机构、人员安全管理、系统建设管理和系统运维管理。

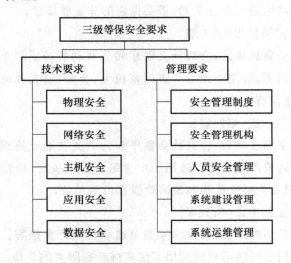

图 2-8 三级等保要求

- 物理安全

物理安全主要指物理位置的选择和满足机房建设的相关标准。包括:
➢ 应避免设在建筑物的高层或地下室,以及用水设备的下层或隔壁;
➢ 对机房进行区域管理,设置过渡区域、安装门禁;
➢ 按照基本要求进行建设配置光、电等防盗报警系统;
➢ 设置防雷保安器,消防、耐火、隔离等措施;
➢ 安装防静电地板,配备空调系统、稳压器、UPS、冗余供电系统等。

- 网络安全

网络安全主要指系统部署方面需要采取的相关措施,包括:
➢ 合理规划路由,避免将重要网段直接连接外部系统,在业务终端与业务服务器之间建立安全路径、带宽优先级管理;
➢ 火墙配置包括:端口级的控制力度、常见应用层协议命令过滤、会话

第 2 章 售前工程师必备技能

控制、流量控制、连接数控制、防地址欺骗等策略；
- 部署网络安全审计系统，部署日志服务器进行审计记录的保存；
- 部署终端安全管理系统；
- 部署入侵检测系统，配置入侵检测系统的日志模块；
- 对主要网络设备实施双因素认证手段进行身份鉴别等。

- 主机安全

主机安全主要指对系统的安全进行身份鉴别和访问控制等进行管理，包括：
- 对主机管理员登陆时进行双因素身份鉴别（US Bkey＋密码）；
- 管理员进行分级权限控制，重要设定访问控制策略进行访问控制；
- 部署主机审计系统审计范围扩大到重要客户端；
- 部署终端防恶意代码软件；
- 部署应用安全管理系统进行资源监控、检测报警等。

- 应用安全

应用安全主要指对应用系统的应用、管理等提供安全策略，包括：
- 进行双因素认证或采用 CA 系统进行身份鉴别；
- 通过安全加固措施制定严格用户权限策略，保证账号、口令等符合安全策略；
- 开发应用审计功能，部署数据库安全审计系统；
- 采用 PKI 体系中的完整性校验功能进行完整性检查，保障通信完整性；
- 应用系统自身开发数据加密功能；采用 VPN 或 PKI 体系的加密功能保障通信保密性等。

- 数据安全

数据安全主要是指对数据的完整性、保密性、备份与恢复等采取相关策略，包括：
- 配置存储系统传输采用 VPN；
- 应用系统针对存储开发加密功能，利用 VPN 实现传输保密性；
- 重要数据本地备份与异地备份，关键设备线路冗余设计等。

其实，等级保护从一级到五级，级别越高，要求越高是肯定的。但是不管是等保几级的系统，它所要求防护的五个方面都是一样的，只是这五个方面会根据安全级别的不同,细节要求有所不同,级别越高,防护措施要求越严格。

4. 安全设备和服务

随着客户对应用系统安全的重视,市场上有很多安全厂商和安全设备,这些设备又包括软件和硬件,还有的软件、硬件相结合。同时,除了采购安全设备,日常的安全管理及服务也是必不可少的。便于大家了解和记忆,我们对常见的安全设备进行归纳、分类。主要包括:

- 安全接入类

包括 VPN、数字证书系统、安全接入网关等。

- 安全防护类

包括防病毒软件、网页防篡改系统、Web 应用防火墙、上网行为管理系统、网络安全隔离与信息交换系统、抗 DDOS 设备等。

- 安全检测类

包括入侵防御系统(IPS)、入侵检测系统(IDS)、网络审计系统、数据库安全审计系统、漏洞扫描系统等。

- 安全服务类

包括安全等级评估、系统安全测试、日常安全巡检等。

2.2.8 软件开发知识

关于软件开发知识,首先要了解有哪些开发语言。基于浏览器/服务器(B/S)的开发主要有 Java、.net/asp、PHP、CGI,基于客户端/服务端(C/S)的开发语言主要有 C++、Delphi、PowerBuilder 等。需要注意的是,客户们经常问哪些开发语言好,哪些开发语言不好。其实开发语言本身没有优劣之分,需要根据用户的基础环境、开发维护成本、维护管理人员的工作技能,选择合适的开发语言。如有不少人认为 Java 语言比.net 语言安全、稳定、性能高,这其实是一种误解。早期的很多电子商务系统,有不少是.net 语言开发的,同样能经受住大并发、大访问量的考验。

其次需要了解有哪些常见开发方法。一般来说,产品开发经常采用的方法为迭代法,大型项目开发经常采用的方法为原型法。

- 迭代法

迭代法是为了完成一定的阶段性目标而从事的一系列开发活动,在每

第 2 章 售前工程师必备技能

个迭代开始前都要根据产品当前的状态和所要达到的阶段性目标制定迭代计划。迭代过程包括需求分析、概要设计、详细设计、编码、测试、部署等各项活动,迭代完成之后需要对迭代结果进行评估,并以此为依据制定下一次迭代目标。

- 原型法

原型法是指在获取客户基本的、抽象的需求后,利用原型系统制作工具(如 Axure),快速搭建一个目标系统的最初版本,并交给用户试用、完善和修改,再进行新的版本开发。原型法符合人们对事物认识的规律,循序渐进,反复修改,最终达到客户的满意度。

2.2.9 项目管理知识

根据 PMBOK(项目管理知识体系)第 4 版的定义,项目管理主要包括九大知识领域,分别为:项目整体管理、项目范围管理、项目进度管理、项目成本管理、项目质量管理、项目人力资源管理、项目沟通管理、项目风险管理和项目采购管理,每个知识领域又包含若干个管理过程。如图 2-9 所示。

在售前支持工作中,这些知识经常会被客户问及,包括范围管理、进度管理、质量管理、人员管理、风险管理等。客户常问的问题包括:如何控制项目范围、如何保证项目进度、如何安排项目人员、如何保证项目质量、项目中可能有哪些风险等。作为售前工程师,需要以项目管理的理论知识为基础,结合实际的项目情况和场景,用专业术语和客户进行沟通,体现出作为售前工程师所应具备的理论素养和专业性。

比如可以试着回答以下这些问题。

问:如何控制项目范围?

答:项目开始前期,我们会安排需求调研人员对项目需求进行详细的调研,在此基础上形成项目需求规格说明书,经双方签字确认后开始对系统进行开发实施。在系统开发实施过程中,如果项目范围发生变化,因为范围变化可能会引起进度、成本、质量等发生变化,所以我们会走严格的项目变更流程,经过双方评估之后(如果有监理公司,需要三方评估),确定是否实施变更,这样可以有效控制项目范围。

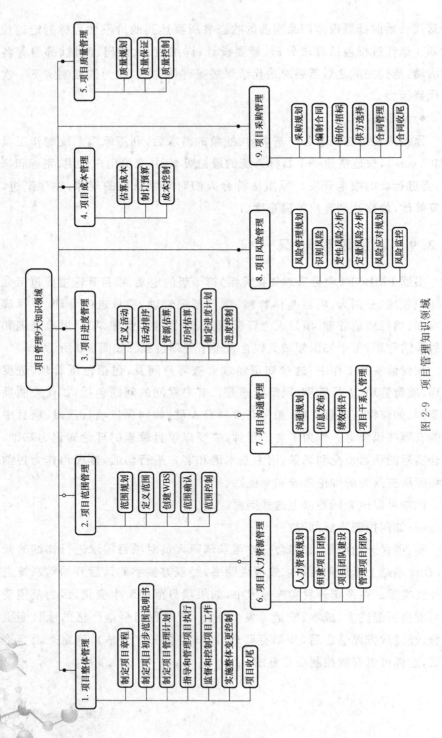

图 2-9 项目管理知识领域

第 2 章 售前工程师必备技能

问：如何保证项目进度？

答：在确定项目需求规格说明书后，我们会制定详细的项目进度计划，并严格按照进度执行。在项目执行过程中，我们会设置重要节点和里程碑，检查项目进度计划和实际完成时间是否存在偏差，如果有问题及时纠偏。同时，如果项目进度滞后，我们会采取加班赶工、增加人员、先完成主要功能需求等方式，保证项目按时完成。

问：如何安排项目人员？

答：根据项目建设需求，我们安排的项目人员包括项目经理、系统架构师、需求调研人员、开发人员、实施人员、美术设计人员、系统集成部署人员、测试人员、培训人员等，这些人会根据工作进展，分别进驻项目现场完成相关工作，但项目经理会全程参与项目整个过程。

问：如何保证项目质量？

答：从项目启动开始，我们会安排质量保障人员参与项目全过程，对项目开发过程进行监控，并在系统上线前进行严格的测试，包括黑盒测试和白盒测试，以保证项目质量。

问：项目中可能会存在哪些风险？

答：根据以往类似项目经验，项目中可能会存在以下风险。

需求风险：前期需求调研不细，或者客户迟迟不确认需求规格书，或者在开发实施过程中，客户产生了新的想法需求发生变化，需要对需求重新进行评估。

技术风险：在项目开发过程中，可能会碰到无法解决的技术问题，或者原先使用的技术无法解决现在的问题。

进度风险：原先制定的项目进度计划不科学不合理，没有预留冗余时间，导致项目不能按时完成。

人员风险：因项目团队中骨干成员离职，新晋人员没有及时到岗，或者新人达不到工作要求。

针对上述不同的风险，我们会提前做好相关应对措施，保证项目进度和质量不受影响。

2.2.10 最新热点知识

除了掌握公司产品知识、行业知识等常规的基础知识外，最新的热点也是售前需要掌握的。IT行业发展很快,每天都在产生新的应用、新的技术、新的热点。当C++、.net、Java成为很多程序员使用的主流编程语言时,Python语言、Go语言等又开始流行了,甚至有些小学生都开始编写程序了。五年前,可能很多人根本想象不到移动支付的快速发展,但是现在,人们出门基本可以不用携带现金或者银行卡了,要是手机上没有安装"微信"或"支付宝"软件,感觉都无法出门了,连菜市场买菜的大爷大妈们都直接扫码支付。今天,人工智能、区块链等又成了行业热点和投资热门,很多做传统软件的IT公司也纷纷转型,言必称AI或者AI+了。所以,售前工程师要及时了解最新热点知识,如果编写的技术方案、制作的PPT还停留在几年前的认知上,那就显得太low了。当然,对于这些最新的热点知识,售前工程师不一定要精通,但是一定要知晓,要广泛涉猎,才能更好地传递给客户。

2.2.11 社会阅历和经验

社会阅历和经验相对来说范围比较宽泛,很难说具体需要掌握什么知识,但是时政、经济、历史、地理、体育、娱乐、社会等方面的知识,都应该是售前工程师广泛涉猎的。如2018年,从中央到地方,都启动了规模比较大的党政机构改革,涉及不少机构更名、合并、撤销等,那么对于这一类时政信息,做政府项目的售前人员要掌握。

在这里举一个作者亲身经历的例子做说明。

2015年,作者去拜访一个政府行业的客户,在和项目负责人交换名片时,一看姓名,叫惠××。当时感到很惊讶,虽然大家都认识这个字,但作为姓氏还真少见啊,只记得有一个港台女星叫惠英红,估计很多人都知道。接过名片后,没等她自我介绍,作者就说:"你这个姓应该念xī、不念huì吧?"对方一听很惊诧,说:"你怎么知道呢?"作者为了"掩盖"知识渊博,解释说,"正好有个研究生同学是这个姓,开学第一课做自我介绍时,他特别提到他姓xī,所以我就记住了。"后面的交流过程大家就能想到了,技术交流非常顺利,尽管该项目前期竞争非常激烈,但很快这个客户就和作者公司签单了。

平时多留意、涉猎各行各业的相关知识,就能起到意想不到的作用。可是如何广泛涉猎各方面的知识呢?说一些作者的经验以供参考。

(1) 每天利用午休及闲暇,花费至少一小时的时间,访问新闻门户网站,查看时政、经济、社会、文化、教育、体育甚至娱乐八卦等方面的信息,以便了

第 2 章　售前工程师必备技能

解最新的动态信息。特别是时政类信息,可能很多人特别是女士都不太感兴趣,可这方面的信息恰恰是售前需要掌握的。不管是政府类客户,还是企业类客户,尤其是国有企业,政治都是他们相当关心的话题,所以售前工程师一定要"强迫"自己关注这方面的最新信息,这样在和客户交流时才有共同语言。记得 2017 年 12 月 7 日,作者去四川拜访一个地级市政府客户,交流关于行政审批系统建设的解决方案,恰好在 12 月 6 日,国务院常务会议就部署了加快推进政务信息系统整合共享。客户还没来得及了解相关内容,而当天作者结合最新政策要求和客户进行交流,效果比较好。

(2) 实时关注当前的热点词汇,如"互联网+政务服务"、大数据、人工智能、十九大、"一带一路"国际高峰论坛、共享经济、移动支付、国产航母等,都应该是重点关注的热门话题。

(3) 充分利用出差路途中的时间,阅读各类报纸、杂志。现在交通很发达,坐高铁出差,几个小时完全可以把一本高铁杂志看完,而飞机上的航班杂志,信息量也非常大,值得一读。记得《大清相国》这本小说非常火的时候,作者利用从北京去西昌出差的机会,在飞机上、长途汽车上以及晚上的空余时间,愣是把厚厚的一本书读完了。多数时候,很多知识不用刻意去购买专业书籍进行学习,可能不经意间阅读某本书就知道了。

2.2.12　其他

从作者十几年售前的工作经验来看,有过产品开发经历和项目管理经历的人员从事售前工作,会有更大优势。如果没有经历产品开发和项目实践,对很多知识的认知只能停留在表面,需要花更多的时间去学习、理解。

如在和客户交流过程中,经常被问到的一个问题就是不同系统之间数据如何交换,相信很多售前工程师都能想到基于 Web Service 的方式来实现。但是具体到实现的过程和技术细节,没有实际开发经验的售前工程师就很难展开来详细讲解,如果再碰到纠缠于技术细节的客户,场面就会比较尴尬了,交流效果就会大打折扣,免不了要进行下一次交流。

2.3 能力建设

2.3.1 基本的商务礼仪

商务礼仪是最基本的能力。现在很多高校都会组织应届毕业生参加基本的商务礼仪培训,讲授待人接物、穿衣打扮等方面的知识。这里只提及售前支持工作中需要注意的一些问题。

先说拜访客户如何着装。很多外企,如 IBM 公司,员工去见客户时,都穿正装,深色西服、领带、黑色皮鞋是标配,即使在炎热的夏天也这样,非常正式。一般来说,政府客户着装比较随意,金融行业客户着装比较正式,所以如果去见金融行业客户,建议售前工程师穿正装,这样显得对客户很重视。当然,也不必像有些企业那样,夏天也穿西装、系领带。

再说在饭桌上如何交流。2011 年,和一位女同事出差,碰巧客户方负责人也是一位女同志,下午技术交流各方面都比较好,晚上请客户吃饭,不知是不是因为下午交流效果比较好的缘故,这位女同事完全聊开了,饭桌上使劲聊女明星的八卦轶事,让客户感觉很不好。这点是需要注意的。一般来说,如果正式交流效果比较好,饭桌上继续就项目情况再做一些非正式交流,然后再聊点双方都比较感兴趣的话题,且适可而止。

2.3.2 学习能力

售前是一个对个人综合能力要求比较高的职位,所以需要具有很强的学习能力,而且是积极主动学习能力。这里涉及两个问题,即:学什么、学到什么程度,这很难有一个标准。以作者售前工作经验为例,应该做到以下几点。

- ➢ 对于最新的政策文件,要吃透;
- ➢ 对于行业新动向,要了解;
- ➢ 对于业务知识,要精通;
- ➢ 对于技术发展趋势,要熟悉;
- ➢ 对于竞争对手情况,要知晓。

第 2 章 售前工程师必备技能

2.3.3 "打杂"能力

相比软件公司其他岗位的人员,售前工程师的"笔杆子"都不错,在同事和客户看来,文档编写能力和对各种办公软件的熟练程度可能都是他们望尘莫及的,所以在日常工作中少不了各种"打杂"的事,如帮同事修改工作总结、调整文档格式、设计制作PPT、帮项目人员写项目文档和验收材料、给领导编写会议材料、帮客户编写项目总结汇报材料,甚至工作以外的文档、PPT等,都是很常见的工作。作为售前工程师,虽然很多工作不是分内工作,但是有时也要学会适应做这些"杂事",这些对于维护客户关系、加深项目合作是非常有帮助的,也是售前工作价值的体现。

2.4 了解竞争对手

售前工程师除了了解基本知识、掌握基本技能外,了解竞争对手也是必备功课。作者曾经面试过很多应聘的售前工程师,因为对很多行业也不熟悉,所以除了询问一些基本问题外,"你们所在的行业有哪些竞争对手?"是作者问得最多的问题。通过这个问题,可以了解应聘者所在公司的行业情况。另外,也可以听到应聘者对行业的发展和竞争对手的评价。如果应聘者(非新入行者)连这些情况都不清楚,也可以从侧面证明应聘者是不合格的。

俗话说,"知己知彼,百战不殆"。了解自己所处的行业有哪些竞争对手、竞争对手的基本情况(包括公司总部在哪里、什么时候成立、分支机构、商务资质等基本情况)、有哪些主要产品、有哪些客户案例等情况,对售前拜访客户、做好项目支持工作能带来很大帮助。

在这个过程中,要做到以下三点。

- 扬长避短,突出自身优势

做到"人无我有,人有我优"。很多客户喜欢比较不同公司产品之间的优缺点,那么如何体现己方公司的产品特点和优势呢?不是去说竞争对手产品的缺点,而是多说自己产品的优点。

- 尊重竞争对手,不搞恶意攻击

很多客户非常反感恶意诋毁竞争对手的做法,即使竞争对手有不足、有缺点,也不能直接进行攻击。

- 及时关注竞争对手最新动态

尽量避免客户或潜在客户知道得比我们早、知道得比我们多;通过竞争对手公司的网站、微信公众号、微博账号等了解竞争对手公司产品发展情况、新的解决方案、新的成功案例;通过客户了解竞争对手最近在销售什么新产品、新的解决方案。

此外,在项目中竞争,难免碰上非常熟悉的竞争对手,特别是在投标现场,在等待讲标的过程中,和对方的销售、售前人员沟通,也是了解竞争对手的一种较好的方法。

第 3 章
售前工程师需要熟练掌握 Word 的使用

可以说在大部分售前工程师的日常工作中,编写各种项目文档,制作 PPT,画流程图、框架图和制作原型系统 Demo 页面等占用了大部分工作时间,因此熟练掌握这些工具软件的使用方法至关重要。既然是工具软件,那么掌握好工具的使用技巧,可以大大提高工作效率,达到事半功倍的效果。所谓"磨刀不误砍柴工",学会了这些方法和技巧,一定会为工作带来意想不到的惊喜。市场上各种工具软件很多,每个人使用的也都不尽相同,从本章开始至第 6 章,将介绍几款售前工程师经常使用的工具软件。

首先是 Word。Word 可能是售前工程师使用最多的工具软件之一了。编写产品白皮书、项目建设方案、投标方案等,都离不开 Word。作者接触到很多有志于从事专业售前工作的 IT 人员,在此之前都觉得自己 Word 用得很好,了解一些使用方法和技巧,但是编写一份几百页的文档,就会发现自己之前对 Word 的了解和使用比较小儿科了。

Word 作为在校大学生和职场人最常用的工具,网络上有大量的培训教程和使用技巧,但出乎意料的是,作者所接触到的职场新人,不论是本科生还是研究生,Word 基本功普遍偏弱,甚至有些职场人士,自认为对 Word 已经很熟悉了,但在实际工作中用起来还是很生疏,离真正的熟练使用还有很大差距。如章节编号还在手动编写、不知道怎样生成目录、页眉页脚设置凌乱、正文格式不统一、字体字号不统一等。

Word 提供了强大而丰富的功能,这里只将工作中最常用的方法和技巧以简单明了的方式分享给大家,希望对售前工程师有所帮助。(说明:文中涉及的操作均基于 Word 2016 版本。)

如何成为**优秀**的IT售前工程师

3.1 布局设置

布局设置主要指工具栏中布局页签中的页边距、分栏和段落等的设置。而在售前工作中编写文档主要用到两种设置：页边距和纸张方向。

纸张方向：分为纵向和横向两种类型，一般默认都是使用纵向排版，但是在某些文档中可能会遇到图片、表格显示不够完整或者不够美观的情况，这时就需要更改纸张方向，用横向类型来展示。设置方式是点击"布局"工具栏，选择"纸张方向"，在纸张方向选项卡中选择"横向"即可。如图 3-1 所示。

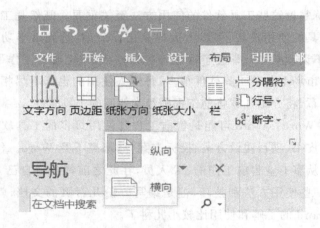

图 3-1　纸张方向设置

页边距：页边距是页面边线到文字的距离。系统提供一种默认的页边距设置，如果有特殊要求，可以根据需要自定义页边距。设置方式如下。

第一步：点击"布局"工具栏，选择"页边距"。如图 3-2 所示。

第二步：在页边距选项卡中选择合适的页边距，或点击"自定义页边距"选项。

第三步：在弹出的页面设置对话框中，按要求设置页边距即可。如图 3-3 所示。

第3章 售前工程师需要熟练掌握Word的使用

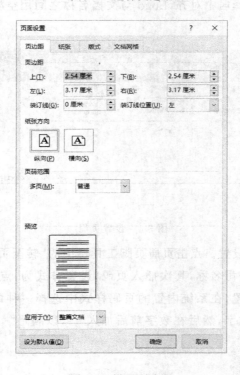

图 3-2 选择页边距

图 3-3 设置页边距

3.2 页眉页脚设置

一份规范的文档,一定要设置页眉和页脚,通常项目文档的页眉有公司 Logo 和项目名称,页脚一般标页码,或公司名称+页码的形式。现以下述表格中要求的页眉页脚设置为例进行示范。如表 3-1 所示。

表 3-1 页眉页脚设置

- 页眉页脚
  页眉左上角加公司 Logo,右上角写文档名称,页脚左下角写公司名称,右下角设置页码- 1 -,自动生成、宋体、小五号字、1 倍行间距。

第一步:页眉设置。鼠标双击页边距上方部位,打开"页眉和页脚"工具栏,在页眉处插入公司 Logo,调整到适当大小,并输入文档名称,设置为宋体、小五号字。选择居中对齐,Logo 与文档名称之间用空格隔开。如图 3-4 所示。

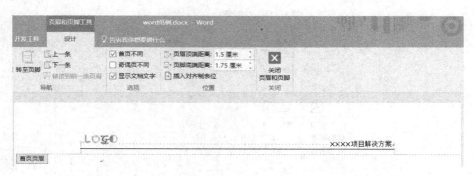

图 3-4 设置页眉

第二步:页脚设置。点击页眉页脚工具栏中的"转至页脚",开始页脚的设置。首先输入公司名称,其次插入页码,设置方式为:点击插入工具栏的页码,选择当前位置,在系统内置的页码样式中选择一种即可,这里根据案例需要选择普通数字,然后在数字前后加入"-",以满足"- 1 -"格式的要求。如图 3-5 所示。

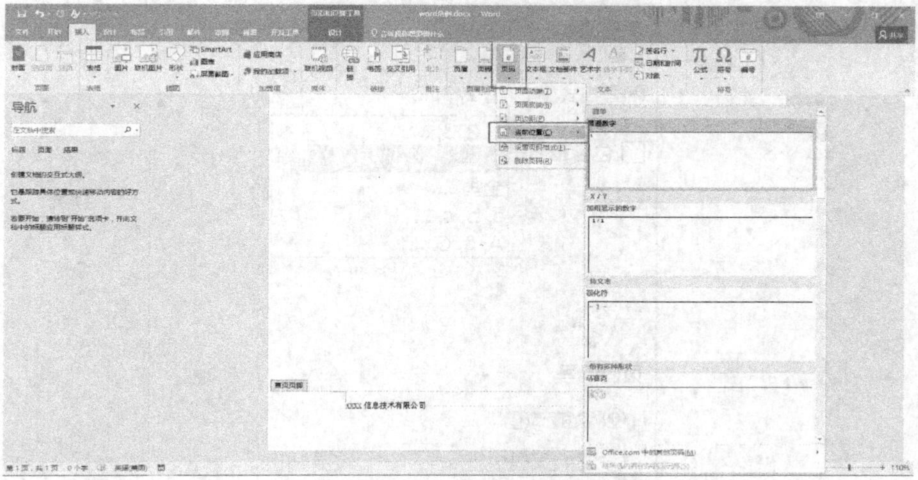

第3章 售前工程师需要熟练掌握Word的使用

图 3-5　插入页码

页脚设置如图 3-6 所示。

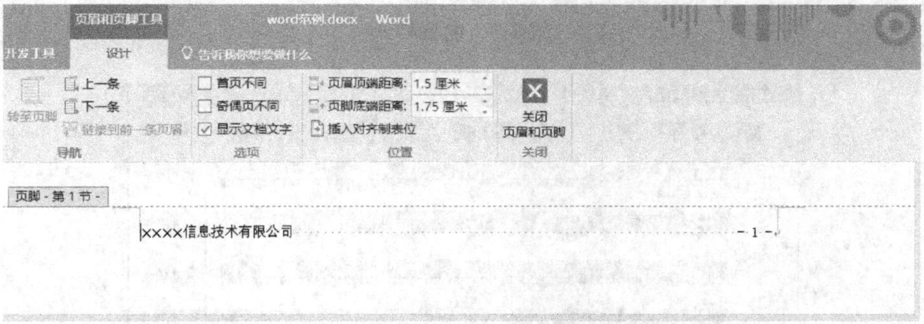

图 3-6　页脚设置效果图

这一步读者可能会认为"-"不用手动输入,系统在页码格式设置中就有这种内置的样式(如图 3-7 所示)。如果使用这种内置样式,在生成目录时就会出现自动调用编号格式的问题,出现如图 3-8 所示的情况。

显然,这种目录样式不是该案例需要的,因此还是需要手动输入"-"。

需要注意的是,一般来说,封面是不显示页眉页脚的,因此在设置页眉页脚时需要选择页眉页脚工具栏中的"首页不同"选项。如图 3-9 所示。

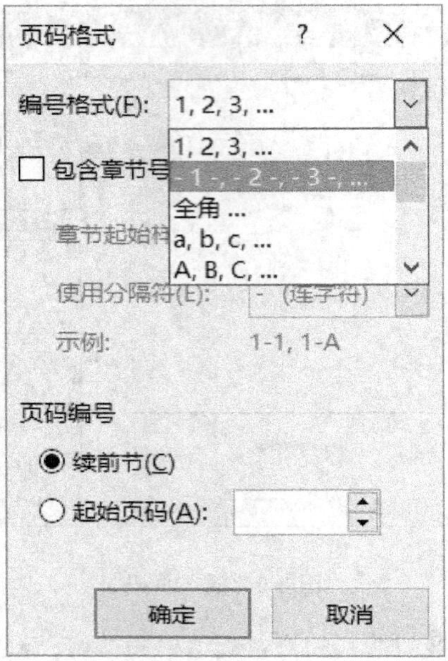

图 3-7　内置样式

图 3-8　目录生成样式

第3章 售前工程师需要熟练掌握Word的使用

图 3-9 设置首页不同

3.3 封面设置

布局、页眉页脚等通用格式设置完成后,接下来就需要进行封面的设置,封面设置有两种方式。

方式一:选择内置封面。Word 软件中内置多种格式的封面,可以在"插入"工具栏中的"封面"选项卡中选择其中一种作为封面,在此基础上进行修改编辑,输入文档名称、副标题、公司名称、地址等信息即可完成封面的设置。如图 3-10 所示。

图 3-10 选择内置封面

方式二：自定义封面。根据需要的样式，或者公司统一样式进行设置。

不论用哪一种方式，作为售前工程师编写的文档，封面内容必须包括公司 Logo、公司名称、编写日期等信息。如果是投标文档，则需要按照招标文件中对封面的要求增加相应的描述，如招标项目名称、招标编号、投标地址、授权代表及联系方式等信息。

3.4 目录设置

目录设置包括的内容有目录需要显示几级标题、每级标题的字体样式、是否加粗、是否斜体、大小，甚至颜色、行间距等问题。现以下述表格中要求的目录设置为例进行示范。如表 3-2 所示。

表 3-2 目录设置

- 目录
1. 目录两字，黑体加粗三号居中；
2. 自动生成目录，一般生成三级目录。一级标题黑体加粗小四号，其他标题宋体小四号，1.5 倍行间距；
3. 目录编码从第一页开始。

设置过程如下。

第一步：在"引用"工具栏中，点击"目录"，选择"自动目录"。如图 3-11 所示。

第二步：系统会按照默认的格式生成目录，但是如果目录的默认格式并非所要求的，这就需要进行下一步操作。

第三步：目录格式设置：在"开始"工具栏中选择"样式"下方的" "选项，或用快捷键 Alt+Shift+Ctrl+S 打开样式窗口，在样式中找到 TOC 标题、目录1、目录2、目录3 的样式，然后对其进行逐一设置。如图 3-12 所示。

以 TOC 标题为例，点击 TOC 标题，选择修改，在弹出的对话框中，对 TOC 标题格式进行修改，设置为黑体、三号、加粗、居中。如图 3-13 所示。

使用同样的方法，依次对一级目录、二级目录和三级目录的格式进行设置。设置完成后，更新目录即可得到要求的目录格式。

第3章 售前工程师需要熟练掌握Word的使用

图 3-11 选择自动生成目录

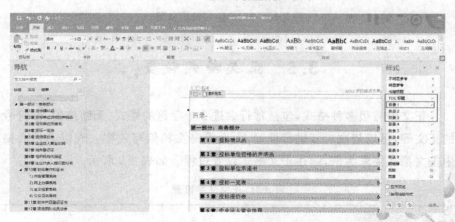

图 3-12 打开样式窗口

如何成为**优秀**的IT售前工程师

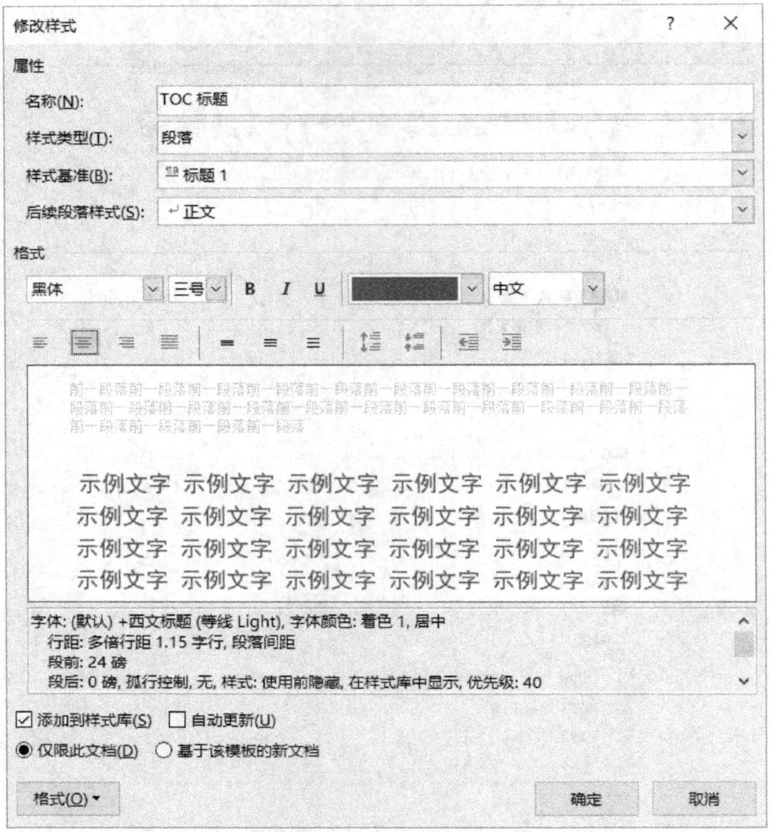

图 3-13 TOC 标题格式设置

3.5 正文格式设置

正文中有很多种格式,包括首行缩进 2 个字符的格式、无缩进的、带符号的正文等,可以依次对其进行设置,大大提高文档编写效率。现以下述表格中正文格式要求为例,阐述正文格式设置过程。如表 3-3 所示。

表 3-3 正文文字设置

- 正文文字
  1. 正文内容,宋体,小四号,1.5 倍行距;
  2. 文字部分首行缩进 2 个空格。

第3章 售前工程师需要熟练掌握Word的使用

第一步：在"开始"工具栏中选择样式下方的"□"选项，或用快捷键 Alt＋Shift＋Ctrl＋S 打开样式窗口，在样式中找到正文的样式，点击"正文样式"，选择"修改"，在弹出的对话框中，对正文的格式进行修改，设置为宋体、小四、1.5 倍行距。由于正文中用得比较多的是首行缩进 2 个字符，样式库中一般没有这样的样式，因此需要新建样式。新建样式方法如下：在样式库中选择"新建样式"。如图 3-14 所示。

图 3-14　选择新建样式

打开"新增样式"窗口。如图 3-15 所示。

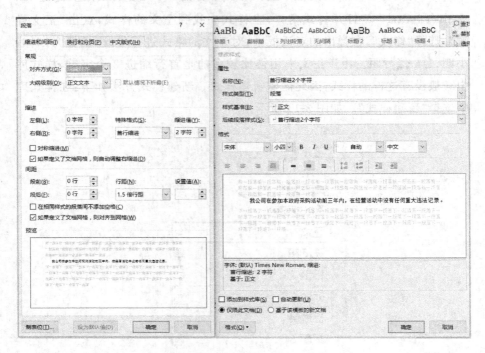

图 3-15 新增样式

第二步：在样式列表弹出的对话框中输入名称"首行缩进 2 个字符"，选择"后续段落样式"，其他参数默认，在段落中设置特殊格式为"首行缩进 2 个字符"。点击"确定"即可完成新增操作。

第三步：将"首行缩进 2 个字符"样式设置为"添加到样式库"，方便写作时随时使用。

3.6 章节序号设置

章节序号设置是作者最想重点强调的，因为太多新人使用手动方式编写序号，这样不仅于无形中增加了工作量，而且还给后续修改带来很大的麻烦——旦需要增加或删除内容，就会引起连锁反应，增删内容后的章节都需要再次进行手动修改。下面以一项具体的标题设置为例，介绍章节序号设置方法。具体要求如表 3-4 所示。

第3章 售前工程师需要熟练掌握Word的使用

表3-4 标题设置

标题
• 标题 1. 每章必须单独插入分页符（分节符）； 2. 一级章节的字体,黑体2号加粗,采用"第×章"的形式表示； 3. 二级,黑体三号加粗,用"×.×"的形式表示； 4. 三级,宋体三号,用"×.×.×"的形式表示； 5. 四级、五级宋体,用"×.×.×.×"和"×.×.×.×.×"的形式表示。

设置步骤如下。

第一步:在"开始"工具栏中选择样式下方的"⌐"选项,或用快捷键Alt+Shift+Ctrl+S打开样式窗口,在样式中找到标题1的样式,点击"标题1"样式,选择"修改",在弹出的对话框中,对标题1的格式进行修改,设置为黑体、2号、加粗,并在后续段落样式中选择"首行缩进2个字符",方便后续标题编辑,回车之后就是常规的首行缩进2个字符的格式。如图3-16所示。

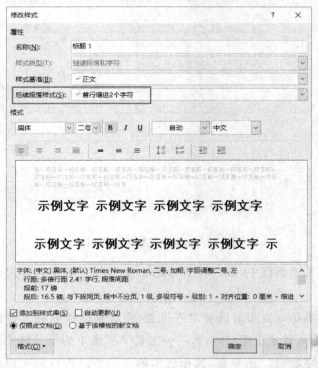

图3-16 修改样式

第二步:用同样的方法,依次对标题2、标题3、标题4、标题5的格式进行设置。

第三步:设置多级列表的样式。在开始工具栏中,选择"多级列表",点击"定义新的多级列表"。如图3-17所示。

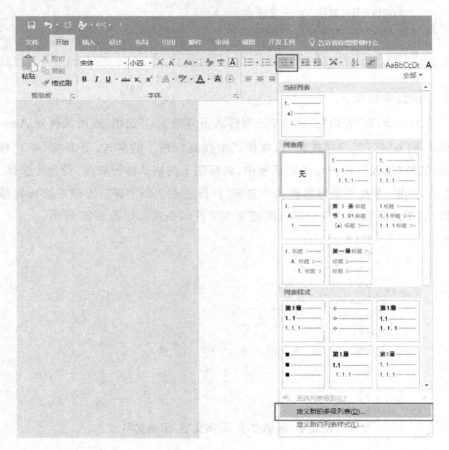

图3-17 选择定义新的多级列表

在弹出的对话框中,依次设置标题1至标题5的序号样式。如图3-18所示。

需要调整的地方为缩进和对齐位置、将级别链接到样式要选择相应的标题级别,标号样式采用"1,2,3,……",其中标题1的编号格式需要在序号前后加上"第"和"章"的字眼,其他级别的表示格式为自动生成的。需要注意的是,建议在"编号之后"的选项选择"空格",而不是默认的"制表符",方

第3章 售前工程师需要熟练掌握Word的使用

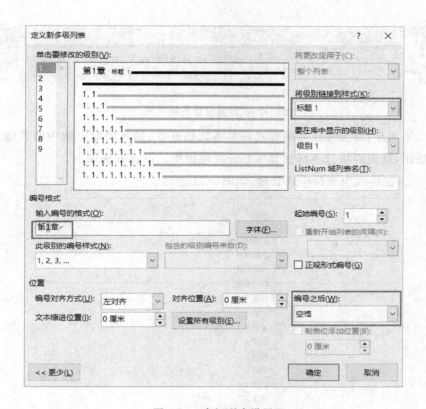

图 3-18 多级列表设置

便标题与目录显示更加规整,尤其可避免目录中空格较大现象的出现。如图 3-19 所示。

图 3-19 选择"制表符"后的生成目录效果

第四步:将设置完成的标题样式添加到样式库,方便写作时随时使用。

第五步:将样式库中多余的样式删除,仅留下设置好的标题和正文样式,简洁明了,方便使用。如图 3-20 所示。

图 3-20 设置完成的样式库

第六步:设置完成后的样式只对本文档有效,如需要对电脑中的其他文档适用,就需要将这些样式复制到公共模板中。设置方法如下。

① 在样式中选择样式管理,如图 3-21 所示。

图 3-21 选择样式管理

② 在弹出的管理样式对话框中选择导入导出,如图 3-22 所示。

③ 在弹出的管理器对话框中选择设置好的标题样式和正文样式,并逐一复制到公共模板中。设置完成后,新建的文档标题和正文格式就会遵循设置好的格式。一个公司的售前文档都应该是有标准的,通过这样的设置可以为后续文档的编写带来很大的便利,也方便部门人员间的模板共用、内容共享。如图 3-23 所示。

56

第 3 章 售前工程师需要熟练掌握 Word 的使用

图 3-22 管理样式

图 3-23 样式管理器

3.7 复制章节内容和调整章节顺序、层级

和 Word 2010 以前的版本相比,Word 2010 以后的版本提供了很多人性化的便捷操作,使用起来会大大提高工作效率,以下列举几种常用的快捷操作。

- 复制某章节内容:在导航窗格中找到要复制的章节名称,右击需要复制的标题,选择"选择标题和内容",然后按 Ctrl + C 组合键进行选择(复制内容操作)。如图 3-24 所示。

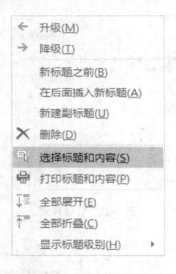

图 3-24 选择标题和内容

- 删除某章节内容:不需要像以前的 Word 那样操作,选中某个章节的全部内容再删除,而只需要在导航窗格中选中需要删除的章节名称,点击鼠标右键,选择"删除"即可。如图 3-25 所示。
- 调整章节顺序:在导航窗格中选中需要调整的章节,直接拖动到目标位置即可。
- 调整章节层级:在导航窗格中,对需要调整层级的章节,点击鼠标右键选择"升级"或"降级"即可。如图 3-26 所示。

第3章 售前工程师需要熟练掌握Word的使用

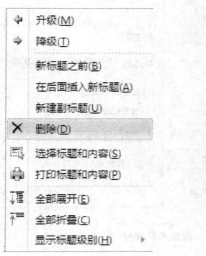

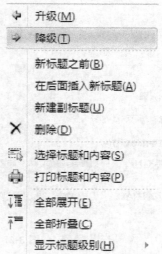

图 3-25　删除章节内容　　　　图 3-26　调整章节层级

3.8　图片编号设置

文档编写过程中会涉及大量的图片,这里就图片的设置进行说明,要求如表 3-5 所示。

表 3-5　图片格式设置

- 图片
1. 图形经过适当等比缩放,居中对齐;
2. 每张图片下方都应加入文字注释,黑体五号字,标注"图×(章节号)-×(序号)××××图"。

表格中第 1 条为编写规范,这里不做详细介绍,仅对图片的文字注释及标注进行说明。

文字注释的格式部分,同样使用样式进行设置,设置完成后添加到样式库,并通过样式管理器复制到公用模板中,方便后续文档的编写使用。

至于标注图片编号,则需要在引用工具栏中,选择"插入题注",设置题注名称,标号设置时选择"包含章节号"选项即可。如图 3-27 所示。

如何成为**优秀**的IT售前工程师

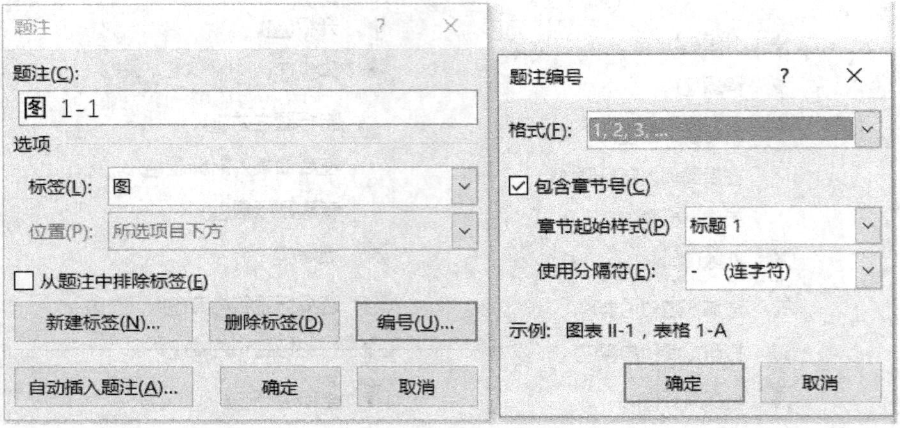

图 3-27 设置图片编号

3.9 表格设置

同样,文档编写过程中会涉及大量的表格,整个文档中表格格式统一也是写作的规范之一,这里就以表格的设置进行说明。如表 3-6 所示。

表 3-6 表格设置

- 表格
  1. 表格要美观,表头内容应加粗、居中对齐;
  2. 每张表格上方都应加入文字注释,黑体五号字,标注"表×(章节号)-×(序号) ××××表"。

针对表格中第 1 条要求,可以通过设置默认表格的方式,实现插入表格的样式的统一,操作步骤如下。

第一步:打开表格工具栏。

第二步:在表格工具设计页签中,选择一个接近的表格样式,对表格样式按要求进行修改。

第三步:将修改完成后的表格样式设置为默认表格。设置完成后,新插入的表格都会遵循设置好的格式展示。如图 3-28 所示。

第 2 条的设置与图片编号设置相同,这里不再赘述。

第3章 售前工程师需要熟练掌握Word的使用

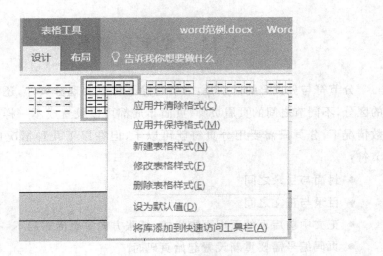

图 3-28 表格样式设计

3.10 分页符设置

在文档编写过程中分页符的使用非常多,如新的章节换页显示、不同商务资质的分页显示等。很多职场新人,为了让下一章节换页显示,使用回车键换页,且不说这种方式有多烦琐,上一章节中的内容稍有删减,就会影响下一章节的展示,还需要手动来调整。因此,大家一定要学会使用分页符。

在布局工具栏中点击"分隔符",选择"分页符",就可在文档中的任意位置插入分页符。如图 3-29 所示。

当然还有一种快捷方式:Ctrl+Enter,直接插入分页符,方便快捷。

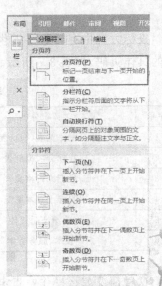

图 3-29 插入分页符

如何成为**优秀**的IT售前工程师

3.11 分节符设置

分节符与分页符的区别是：分节符除了可以实现分页外，还可实现格式的区分，不同节之间的页眉页脚、页面布局都可以设置成不一样的格式。多数情况下，分页只需要用分页符就可以了，但在以下几种情况中需要用分节符：

- 封面与目录之间
- 目录与正文之间
- 正文中前后页的页眉页脚格式、纸张方向等页面布局不一样时
- 页码编号需要重新设置起始页码时

分节符的设置过程：在布局工具栏中点击"分隔符"，选择"分节符（下一页）"，就可在文档中的任意位置插入分节符。

值得注意的是，如果在正文中使用分节符，则需要注意分节符前后页码的连贯性。

3.12 页码的交叉引用

投标方案中有时需要提供索引表，索引表中往往需要设置证明文件对应的具体页码，如表3-7所示。

表3-7 索引表样式

序号	评审分项	证明文件
1	开标一览表（报价表）	见（ ）页
2	投标分项报价表	见（ ）页
3	投标人资格文件	见（ ）页
4	投标人基本情况	见（ ）页
5	业绩证明文件	见（ ）页
6	技术、服务方案	见（ ）页

这种情况怎么操作？肯定会有人选择手动输入，这样做不仅效率低，而且如果出现内容的增删，会影响更改内容后面章节的页码，还要手动输入就

第3章 售前工程师需要熟练掌握Word的使用

会太麻烦。正确的做法是通过交叉引用的方式引用证明文件的页码。在引用工具栏中,选择"交叉引用",在弹出的对话框中选择"证明文件",然后在引用内容处选择"页码",插入即可。如图 3-30 所示。

图 3-30　设置交叉引用

若后续出现内容调整,页码有变化,则只需选择这部分内容,更新域即可,最简单的方式是按快捷键 Ctrl+A 选择全文,然后按 F9 键,将包括目录和引用页码在内所有域进行更新。

3.13　格式刷

格式刷是 Word 提供的傻瓜式工具,用格式刷调整格式,方便快捷。当然,如果读者按照前面介绍的方法编写文档内容、设置相关格式,那么使用格式刷的概率就非常小了。但是如果是从别处(如其他文档、网页文件等)拷贝内容,很容易引起格式错乱,这时格式刷就非常有用。选择标准格式的内容,点击格式刷,再去"刷"其他内容就可以了。

有个小技巧不妨注意一下:单击格式刷,只能用一次,双击格式刷,就可以连续使用了。

第4章
售前工程师需要熟练掌握PPT的使用

PPT可能是售前工程师使用较多的另一款工具软件。

无论是技术交流,还是投标现场述标,PPT是售前人员必备的工具,制作精美的PPT,对于听讲者来说,不仅是内容的可阅读性强,更是一种视觉享受。掌握好PPT的使用技巧,可以快速提升PPT编写效率。与Word文档相比,PPT的展现方式更加丰富,这也对PPT的制作提出了更高的要求。简单的文字自然不能满足要求,售前工程师在保证内容准确性的前提下,需要注重PPT的展现,既要美观,又要与主题相符。

在说PPT制作技巧之前,先简单介绍下PPT的制作步骤:

① 确定主题;

② 设置大纲;

③ 选择或者制作PPT模板;

④ 素材选择;

⑤ 针对性地进行内容填充和格式调整。

不建议售前工程师在主题和大纲没有确定的前提下,就开始选择模板和展现方式,这样非常浪费时间。这里只针对PPT模板、展现、格式设置、素材选择等部分进行说明和技巧分享。(说明:文中涉及的操作均基于PPT 2016版本。)

4.1 PPT模板选择与设置

对PPT制作不太熟悉的售前工程师来说,直接下载一套适合主题的免费模板来用,是最简单的。这里推荐几个PPT模板网站供大家参考,之前有很多免费下载的模板,但是进入知识收费时代以后,多数模板都是收费的,

第4章 售前工程师需要熟练掌握PPT的使用

所以最好的方法是自己根据主题制作一套模板,在制作过程中可以参考网络上的样式。

- 无忧 PPT:http://www.51ppt.com.cn
- 第一 PPT:http://www.1ppt.com
- PPTOK 网:http://www.pptok.com
- PPT 宝藏:http://www.pptbz.com
- PPT Store:https://www.pptstore.net

PPT 的模板包括:幻灯片大小、PPT 背景、配色、封面、封底样式,目录页、过渡页、正文页的样式,字体、颜色、大小等。这些样式都是通用的样式,因此需要在幻灯片母版中设置,在视图工具栏中选择幻灯片母版,即可打开 PPT 母版。根据多年 PPT 撰写经验,针对这些模板的设置建议如下。

- 关于幻灯片大小:幻灯片大小有两种样式,标准版和宽屏。目前使用较多的是宽屏模式,还可以根据需要自定义幻灯片的大小。如图 4-1 所示。

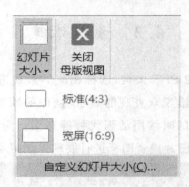

图 4-1 定义幻灯片大小

- 关于背景:根据不同的演示场景设置不同的 PPT 背景。大型会议、规模较大的交流会一般选择深色背景,深蓝色和黑色最佳,忌用浅色背景,尤其是白色背景;小型的交流会、讲标等可以采用浅色背景,若不知选择哪种背景,白色背景是不会出错的选择。
- 关于配色:不同主题的 PPT,配色原则不同。商务型 PPT,配色讲究少而精,颜色太杂显得不够严肃,也缺乏科技感。
- 关于字体:PPT 一般都需要投影到大屏幕上,所以字体的选择尤为重要,一般不选择有衬线字体,如宋体。为了减少字体侵权风险建议选择黑体或思源字体,现在用得比较多的是思源黑体。

如果PPT已经做完,但是发现所有字体都是宋体,怎么办?非常简单,在开始工具栏中找到替换选项,选择其中的替换字体,将宋体统一改成思源字体即可。如图4-2所示。

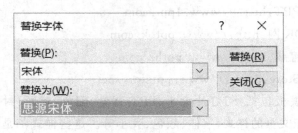

图4-2 字体替换

- 关于字号:PPT主要为演示所用,因此字体不宜太小,最小字号以14pt为宜。

4.2 素材选择

针对已经设定好的PPT大纲,选择相应的素材进行展示,PPT的主要作用是提示演讲者,并给观众直观的展示,制作的原则就是简单明了,能用图表就不用文字,合适的时候用动画代替静态图。为了达到直观的展示效果,通常需要选择一些图片或者图标进行展现。如图4-3和图4-4所示。

图4-3 关于安全的图片展示样例

第4章 售前工程师需要熟练掌握PPT的使用

图 4-4 图标展示

这里推荐一些网站供大家搜集资源,大家可以根据关键词搜集合适的图片和图标,但在使用时需要注意版权。

图片下载网址:
- 觅元素:http://www.51yuansu.com
- 百度图片:http://image.baidu.com
- PNG 素材:http://pngimg.com

图标下载网址:
- 阿里图标库:http://www.iconfont.cn
- 图标素材库:http://www.flaticon.com

4.3 素材处理

从网络上下载的图片,不总是完全合乎要求,有些图片的背景不合适,有些图片中有多余的部分,这时就需要对图片进行处理,用 PS 比较麻烦,且 PPT 本身提供非常好用的工具可以对图片进行简单处理:双击 PPT 图片素材,打开图片工具栏,选择其中的调整工具,可实现对图片背景的删除、裁剪、变换颜色、压缩图片等操作。其中最好用的工具当属"删除背景",如图 4-5 所示。

另外,为了保持整个 PPT 的一致性,可能需要对图片进行统一处理,如添加半透明边框。如果对每一张图片逐一设置,太浪费时间了。正确的做

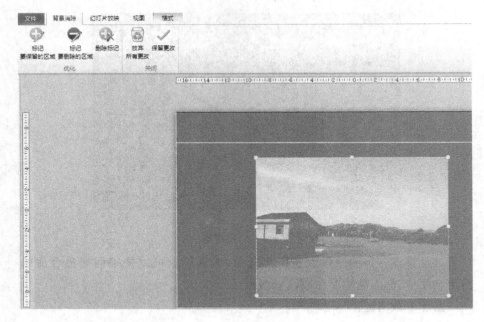

图 4-5 删除图片背景

法是：为一张图片设置好边框后，通过格式刷进行统一设置，这样能大大提高工作效率。如图 4-6 所示。

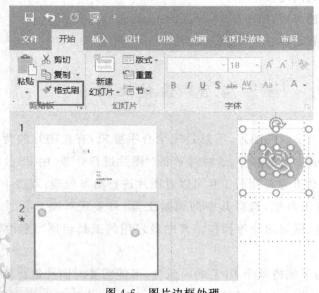

图 4-6 图片边框处理

第4章 售前工程师需要熟练掌握PPT的使用

4.4 样式设置

处理完成的素材,如何展现其效果也是一门学问。PPT中内置了多种SmartArt图形,可以根据需要选择。需要注意的是,为了展现良好的效果,有时需要将内置的SmartArt图形拆分成独立的图形,进行动画设置。拆分图形步骤为:点击SmartArt图形,在SmartArt工具栏设计模式下选择"转换"——"转换成图形"。

如果想设计更有针对性的图形,则需要自己设置,如果有设计功底当然更好,但是多数情况下,售前人员都是没有设计功底的,这时候如果要自己设置,就需要多看、多参考,可参考的途径有以下几种。

- 网上可下载或可查看的PPT模板:这种参考最为直观;
- 生活场所中的平面设计样式:需要多留心广告牌、也可借鉴平面设计中的元素;
- 宣传广告设计;
- 做得比较好的网站设计:优秀网站上的图标、图片设计,H5动画效果等,都可以参考借鉴。

如可以参考图4-7的网站设计效果和图4-8的PPT设计效果。

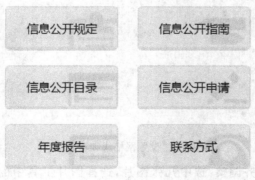

图4-7 网站设计效果

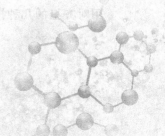

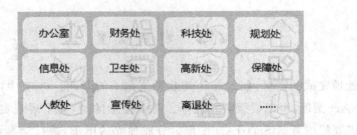

图4-8　PPT展示效果

4.5 排　　版

PPT提供很多排版功能,可以大大提高排版效率。

- 网格线和参考线:在视图工具栏中选择"网格线"和"参考线",PPT中就可以显示出网格线和参考线,在排版时起到辅助作用。如图4-9所示。

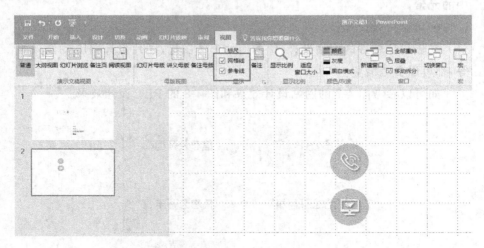

图4-9　设置网格线和参考线

- 布局和对齐调整:选中几张图片,选择图片工具中的"排列工具",使用对齐里的几种排版方式进行对齐和布局的调整。如图4-10所示。

第4章 售前工程师需要熟练掌握PPT的使用

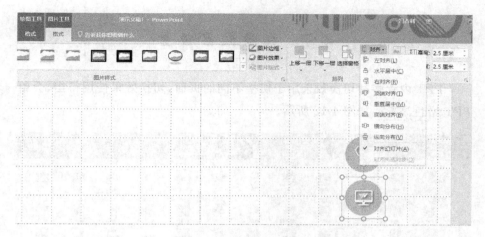

图 4-10 设置对齐方式

4.6 动画设置

动画效果是 PPT 的亮点之一,在适当的场合利用动画可以增加 PPT 的生动性和可读性。这里对动画设置不做过多介绍,只介绍一个特别好用的功能:动画刷。一个 PPT 中可能会有多个元素使用同样的动画,且非常复杂的情况下,不需要一一设置,只需要对一个元素进行设置,之后通过动画刷统一设置,既方便又不会出错,堪称 PPT 的神功能。如图 4-11 所示。

图 4-11 设置动画刷

关于 PPT 动画,需要注意的是:
- PPT 的动画并不是越多越好,太多反而会给人主题不明、杂乱无章的感觉,并且耗费时间,所以设置动画要适当;
- 保持动画的统一性:相同作用的元素或者页面需要用统一的动画展示,以保证整个 PPT 的统一性,如过渡页的动画要一致。

4.7 切换效果设置

PPT 内置多种切换效果用于切换不同的页面,切换效果使用得当,会给 PPT 增色添彩。如图 4-12 所示。

图 4-12 设置切换效果

和 PPT 动画设置一样,PPT 的页面切换效果也应注意以下两点:

● 并不是每页 PPT 都需要使用切换效果,太多反而会给人主题不明、杂乱无章的感觉,所以要适当地设置切换效果。

● 切换形式不要都设置成一种样式:如果都设置成统一样式,在查看时容易造成审美疲劳。如都设置成向上"推进"形式,当页面较多时,会视觉疲劳。

4.8 默认格式设置

为了保持 PPT 格式一致性,往往有很多元素,都需要保持一致的格式,如文本框内文字字体、大小、颜色、图形颜色、透明度和线条的粗细等。如果每加入一个图形都要设置一遍是不是很麻烦?PPT 提供默认格式功能,只需要在开始时对第一个图形进行设置,设置完成后,选择为默认图形,之后再插入同样的图形,直接默认为这种格式,无须重新设置,这是 PPT 中又一强大功能。

第4章 售前工程师需要熟练掌握PPT的使用

4.9 颜色设置

在 4.1 中说到 PPT 的配色也是很有讲究的,不能太随意,要少而精,最常用的做法是在 PPT 背景中取色,但是我们不知道背景中的颜色具体是哪一种,只能找接近的颜色来设置吗？最新版本的 PPT 提供了一个新功能:取色器。只需要通过取色器在背景中取色就可以了,然后通过取色器得到的数字设置字体颜色,非常方便。如图 4-13 所示。

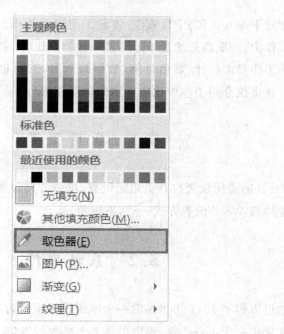

图 4-13 设置取色器

第 5 章
售前工程师需要熟练掌握 Excel 的使用

相对于 Word 和 PPT 来说,售前工程师使用 Excel 相对较少一些。在日常工作中,一般都是通过 Excel 做一些辅助工作,如工作总结中基于各种图表的工作量的统计、数值计算、数据筛选等,有时也需要协助销售制作报价表。这里仅介绍工作中比较常用的功能和技巧。

5.1 通用设置

Excel 的通用设置包括页边距设置、纸张方向设置、纸张大小设置等,这些设置均与 Word 设置方式一致,不再赘述。

5.2 表格制作

这里以作者 2014 年参加的一个电子投标项目为例讲解。招标文件要求投标人提供一个 Excel 表,表中包括 7 个单独的表格,分别为:

- 8-1 基本信息表
- 8-1(附 1)近年财务状况表
- 8-1(附 2)近年发生的诉讼和仲裁情况
- 8-1(附 3)其他信誉情况表
- 8-2 产品介绍
- 8-3 账户信息
- 8-4 补充信息

制作步骤如下。

第5章 售前工程师需要熟练掌握Excel的使用

第一步:设置表格名称。打开 Excel 表,首先在表格底部双击"Sheet1"将表格名称修改为"8-1 基本信息表",然后点击" ➕ "新建工作表,并修改表格名称为"8-1(附1)近年财务状况表",依次设置好7个表格名称。如图 5-1 所示。

| 8-1基本信息表 | 8-1(附1)-近年财务状况表 | 8-1(附2)-近年发生的诉讼和仲裁情况 | 8-1(附3)-其他信誉情况表 | 8-2产品介绍 | 8-3账户信息 | 8-4补充信息 | … | ➕ |

图 5-1 设置 Sheet

第二步:设置表头。这一步以基本信息表为例介绍使用方法。下图是招标文件要求的表格样式。如图 5-2 所示。

8-1 基本信息

公司名称		公司地址		公司电话	
所在国家		所在省份		所在城市	
邮政编码		公司传真			
联系人		联系人电话		职务	
联系人电子邮件地址					
公司类别		代理级别		是否增值税一般纳税人	
创立时间		注册资金		法人代表	
公司类型		营业执照注册号		体系认证	
仓库地址		仓库电话		仓库传真	
应答人来源		应答人分类	采购应答人	是否卡类	否
经营范围		主要业绩		税务登记号	
人员构成:(人数)					
管理层		技术人员		普通员工	
人员总数					

图 5-2 表格要求样式

这是一个 16×6 的表格,这里需要将表格第一行的 6 列合并为 1 个单元格,并设置成灰色底纹,然后输入"8-1 基本信息"即可。

合并单元格的方法是:首先选中需要合并的6个单元格,右击选择"设置单元格格式",在弹出的对话框中,点击"对齐页签",在文本控制中选择"合并单元格"选项;然后选择"填充"页签,选择合适的颜色,点击"确定",表头样式就设置完成了。如图 5-3 和图 5-4 所示。

如何成为**优秀**的**IT**售前工程师

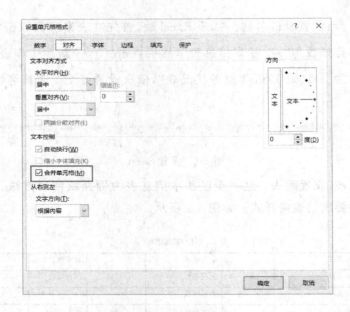

图 5-3 选择设置单元格格式

图 5-4 选择单元格背景色

第三步：设置表格内容。接下来就是制作表格，包括表格边框、单元格、字体、大小、颜色、行高设置等。这些设置都比较简单，这里只分享几个小技巧。

第5章 售前工程师需要熟练掌握Excel的使用

- 格式刷：字体颜色、大小等可以用格式刷，这个大家都知道，但是合并单元格也可以用格式刷，是否用过呢？用格式刷合并单元格的前提是合并相同个数的单元格，可以在设置完第一个后，利用格式刷快速刷格式。
- 行高统一设置：如果希望对整个表格的行高做统一设置，只需要选择整个表格，然后在开始菜单的单元格工具栏中的"格式"中，选择"行高"，进行设置即可。如图5-5和图5-6所示。

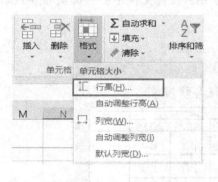

图5-5 选择行高工具

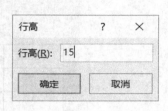

图5-6 统一设置行高

设置完成的表格如图5-7所示。

8-1基本信息					
公司名称		公司地址		公司电话	
所在国家		所在省份		所在城市	
邮政编码		公司传真			
联系人		联系人电话		职务	
联系人电子邮件地址					
公司类别		代理级别			
创立时间		注册资金		法人代表	
公司类型		营业执照注册号		体系认证	
仓库地址		仓库电话		仓库传真	
应答人来源		应答人分类		是否卡类	
经营范围		主要业绩		税务登记号	
人员构成：(人数)					
管理层		技术人员		普通员工	
人员总数					

图5-7 完成设置的表格样式

5.3 数值计算及公式使用

Excel 中丰富的公式为计算工作带来了极大便利,求和、平均值、最大最小值等都是比较简单的,售前工作中几乎用不到复杂的公式。还是以 2014 年的电子投标项目为例,介绍公式的使用。投标文件中要求提供的 8-1(附 1)近年财务状况表如图 5-8 所示。

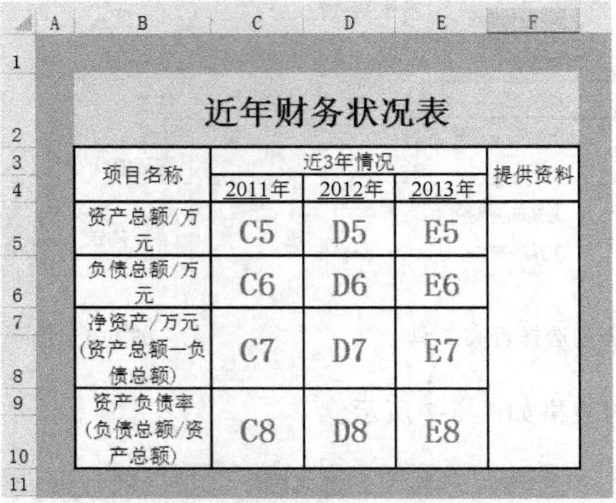

项目名称	近3年情况			提供资料
	2011年	2012年	2013年	
资产总额/万元	C5	D5	E5	
负债总额/万元	C6	D6	E6	
净资产/万元 (资产总额-负债总额)	C7	D7	E7	
资产负债率 (负债总额/资产总额)	C8	D8	E8	

图 5-8 样　表

上图中资产总额和负债总额需要手动填写,净资产和资产负债率则需要公式来计算。首先计算一下 2011 年的净资产和资产负债率,这里用单元格中的序号标识表示。从净资产公式可以看出 C7＝C5－C6。生成公式的步骤为:在 C7 单元格中输入"＝",然后用鼠标选择 C5 单元格,再输入"－",之后再用鼠标选择 C6 单元格,按回车键,这个公式就生成了。用同样的方式输入 C8 的计算公式,2011 年的两项结果都计算出来了。

接下来 2012 年和 2013 年的结果不需要重新录入公式,只需要选定 C7 和 C8 两个单元格,按住 Ctrl 键,鼠标向后拖动到 D 列和 E 列的相应区域,复制公式,自动计算出 2012 年和 2013 年的两项结果。

在投标过程中,可能会遇到比较复杂的公式计算,我们将在《第 9 章如何做好投标支持工作》中,用实际案例说明公式的用法及其在投标报价中的作用。

第5章 售前工程师需要熟练掌握Excel的使用

5.4 冻结窗格

对于比较长的表格,屏幕往往显示不全,需要往下拖动查看更多内容,这时就看不到表头。对于这种表格,为了查看方便,可以将表头锁定,往下拖动查看时,只拖动表头下方的内容,不影响表头与内容的对应查看。

若表头刚好在第一行,设置起来非常简单,只需要在视图工具栏中,选择冻结窗格中的"冻结首行"即可。如图5-9所示。

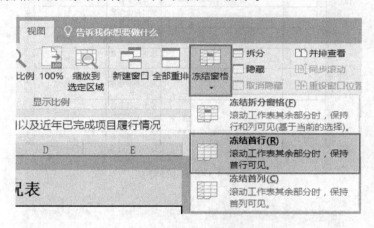

图5-9 冻结首行设置

若表格中有多个项目,表头不在首行,而是在中间,如图5-10所示。表格中的"2.正在实施项目以及今年已完成项目履行情况"这一项,表头位于第7行,这时就不能通过冻结首行进行设置了。

这种情况的表格,在进行窗口冻结时,需要选定分项表头的下一行,在上图中就是第8行,然后在视图工具栏中,选择冻结窗格中的"冻结拆分窗格"选项即可。设置完成后的效果如图5-11所示。

	A	B	C	D	E
1			其他信誉情况表		
2					
3		1. 近年不良行为记录情况			
4		序号	发生时间	简要情况说明	证明材料索引
5		无	无	无	无
6		2. 正在实施项目以及近年已完成项目履行情况			
7		序号	工程名称	履约情况说明	证明材料索引
8		1	项目1	按时保质保量完成项目	验收报告
9		2	项目2	按时保质保量完成项目	验收报告
10		3	项目3	按时保质保量完成项目	验收报告
11		4	项目4	按时保质保量完成项目	验收报告
12		5	项目5	按时保质保量完成项目	验收报告
13		6	项目6	按时保质保量完成项目	验收报告
14		7	项目7	项目已按时启动，正在进行中	项目合同
15		8	项目8	项目已按时启动，正在进行中	项目合同
				项目已按时启	

图 5-10 示例表格

	A	B	C	D	E
1			其他信誉情况表		
2					
3		1. 近年不良行为记录情况			
4		序号	发生时间	简要情况说明	证明材料索引
5		无	无	无	无
6		2. 正在实施项目以及近年已完成项目履行情况			
7		序号	工程名称	履约情况说明	证明材料索引
23		16	项目16	项目已按时启动，正在进行中	项目合同
24		17	项目17	项目已按时启动，正在进行中	项目合同
25		18	项目18	项目已按时启动，正在进行中	项目合同
26		3. 其他			
27		无	无	无	无
28					

图 5-11 窗口冻结后的效果

同理，如果需要冻结表格中的列，采用相同的方式即可。

第5章 售前工程师需要熟练掌握Excel的使用

5.5 保护工作表

作为投标资料,为了避免设置好的表格因误操作出现问题,可以对做好的表格进行"保护工作表"设置。设置步骤如下:

第一步:在开始工具栏中打开格式选项,选择"保护工作表"。如图5-12所示。

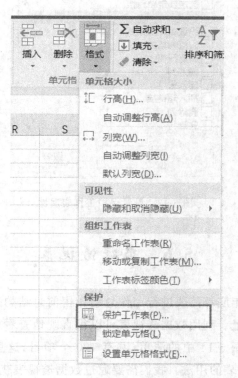

图 5-12 选择保护工作表

第二步:在弹出的保护工作表窗口中,选择"保护工作表及锁定的单元格内容",并在下方选择允许用户操作的项目,如有需要,还可设置取消保护时的密码,点击"确定"即可设置完成。如图 5-13 所示。

设置完成后,用户只能进行被允许的操作,如按上图设置完成后,用户只允许进行"选定未锁定的单元格"操作。

若需撤销保护,则需要在开始工具栏中打开格式选项,选择"撤销工作表保护",若之前设置了保护密码,输入密码后,即可完成撤销操作。

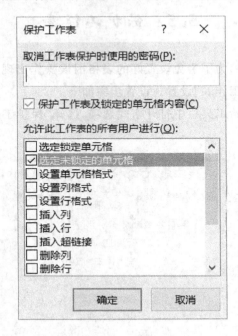

图 5-13 设置保护工作表属性

5.6 数据透视表

每年年中和年底都需要进行工作总结。售前总结的工作之一就是统计销售支持的工作量。利用数据透视表可以很直观地查看对每个销售人员的支持力度等。以图 5-14 中的清单(共有 100 个项目,这里省略为 20 项)为例,介绍数据透视表的用法。我们需要通过数据透视表获取如下信息:
- 梳理出对各个销售的支持工作量;
- 各个客户的项目数量;
- 各个销售人员的总项目数量。

数据透视表生成步骤如下。

第一步:点击插入工具栏的"数据透视表"选项。

第二步:在弹出的创建数据透视表对话框中,选择数据源的区域,并选择数据透视表放置的位置,点击"确定"。如图 5-15 所示。

第5章　售前工程师需要熟练掌握Excel的使用

	A	B	C	D
1	项目名称	客户单位	销售人员	工作量（人天）
2	项目1	客户1	张三	2.25
3	项目2	客户2	张三	1.5
4	项目3	客户3	张三	0.25
5	项目4	客户4	张三	1.75
6	项目5	客户5	张三	0.75
7	项目6	客户6	张三	0.62
8	项目7	客户7	张三	1.25
9	项目8	客户8	张三	1.75
10	项目9	客户9	马五	0.38
11	项目10	客户9	马五	0.88
12	项目11	客户9	马五	5
13	项目12	客户9	马五	0.5
14	项目13	客户9	马五	0.75
15	项目14	客户9	马五	0.62
16	项目15	客户9	马五	0.75
17	项目16	客户10	马五	9.25
18	项目17	客户11	马五	6.38
19	项目18	客户11	马五	4.5
20	项目19	客户11	马五	4.06
21	项目20	客户11	马五	1.62

图 5-14　项目清单

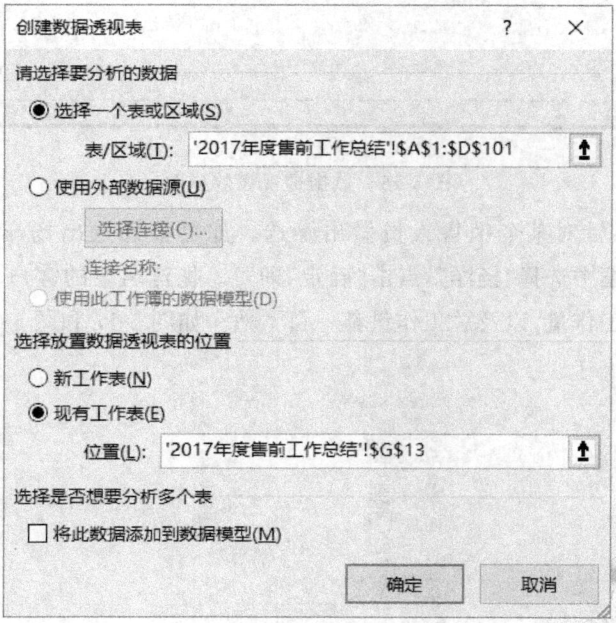

图 5-15　创建数据透视表

第三步:设置透视表的筛选、行、列和值的区域,以"梳理出对各个销售人员的支持工作量"为例,介绍设置方法。

首先,需要梳理出各个销售人员的支持工作量,所以销售人员是需要筛选的对象,因此拖动"销售人员"到筛选区域;

其次,需要梳理的结果是支持工作量,所以工作量是要求的值,因此拖动"工作量(人天)"到"∑值"区域;

最后,是行和列的设置,在此例子中,客户和项目可以分别放置行和列中。设置界面及设置完成后的效果如图5-16所示。

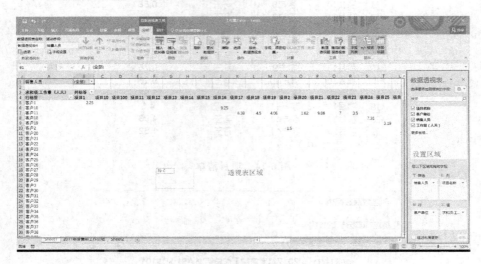

图 5-16 数据透视表效果图

第四步:针对某个销售人员做出筛选。如需要筛选出杨洋的支持工作量。在筛选框中选择"杨洋",点击"确定"即可。杨洋名下的客户、项目和每个项目的支持工作量,以及总工作量都一目了然。如图5-17和图5-18所示。

图 5-17 数据筛选

第5章 售前工程师需要熟练掌握Excel的使用

	A	B	C	D	E	F	G	H	I	J	K	L	M	N	O	P	Q
1	销售人员		杨洋														
2																	
3	求和项:工作量（人天）		列标签														
4	行标签		项目38	项目39	项目40	项目41	项目42	项目43	项目44	项目45	项目46	项目47	项目48	项目49	项目50	项目51	项目52	总计
5	客户22		0.75														0.75
6	客户23			4.38													4.38
7	客户24				4.88												4.88
8	客户25					0.88											0.88
9	客户26						4.75										4.75
10	客户27							4.19									4.19
11	客户28								1.12								1.12
12	客户29									0.88	0	3.75	0.38	0.62	18.94	2.12	1.56	28.25
13	总计		0.75	4.38	4.88	0.88	4.75	4.19	1.12	0.88	0	3.75	0.38	0.62	18.94	2.12	1.56	49.2

图 5-18 筛选结果

5.7 筛 选

同样以年终总结为例，如果需要对基础数据做出筛选，可以选定表头，然后在工具栏中选择"筛选"选项，在表头处就会出现筛选标志。如图 5-19 所示。

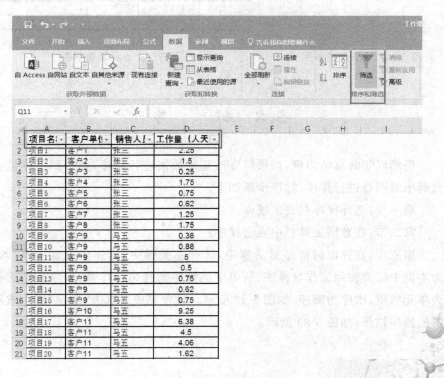

图 5-19 数据筛选

可点击任一列的筛选标志,筛选出想要的结果。如需要筛选出客户 11 一共有多少个项目,则只需要在客户单位这一列的表头处,点击筛选标志。在弹出的筛选框中取消全选,勾选客户 11 即可得到筛选结果。如图 5-20 和图 5-21 所示。

项目名	客户单位	销售人	工作量（人天
项目17	客户11	马五	6.38
项目18	客户11	马五	4.5
项目19	客户11	马五	4.06
项目20	客户11	马五	1.62
项目21	客户11	马五	9.06
项目22	客户11	马五	7
项目23	客户11	马五	3.5

图 5-20　设置筛选条件　　　　图 5-21　查看筛选结果

5.8　排　　序

仍然以年终总结为例,如果需要对基础数据进行排序,如按照工作量由大到小对项目进行排序,排序步骤如下。

第一步:选择排序列表区域;

第二步:在数据工具栏中点击排序;

第三步:在弹出的排序对话框中,选择主关键字、排序依据和次序。因为本例中需要按照工作量排序,所以主关键字选择为工作量,排序依据选择为单元格值,次序为降序,如图 5-22 所示。设置完成后点击"确定"即生成所需的排序结果,如图 5-23 所示。

第5章 售前工程师需要熟练掌握Excel的使用

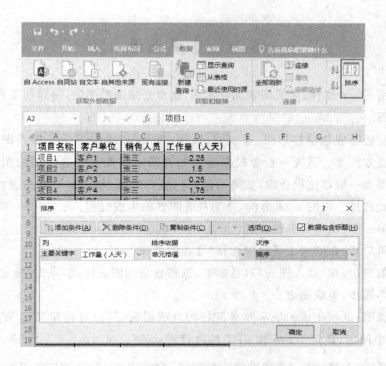

图 5-22 设置排序参数

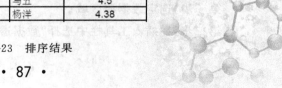

图 5-23 排序结果

5.9 生成图表

用 Excel 制作、生成图表比较常用,这里介绍两种图表,普通图表和数据透视图。

普通图表包括柱形图、折线图、饼图、条形图、面积图、XY 散点图、雷达图和直方图等。系统一般会根据选定的数据区域推荐一些合适的图表,推荐的图表一般都比较合理,如果不是自己想要的图表样式,可在图表库中进行样式选择。以图 5-24 为例,介绍普通图表的生成过程。

第一步:选定数据源区域;
第二步:在插入工具栏中选择"推荐的图表";
第三步:在"插入图表"对话框中,选择合适的图表样式,点击"确定";
第四步:生成图表。

说明:这些生成的展示效果良好的直观图表,可以直接拷贝到 Word 和 PPT 中使用,美化 Word 和 PPT 的内容展示。

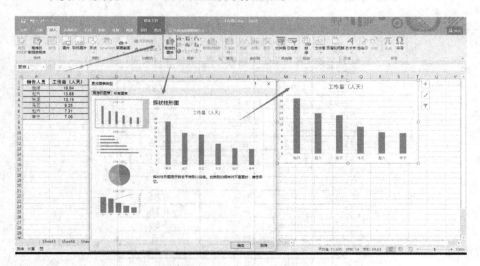

图 5-24 生成普通图表

接下来给大家介绍的是数据透视图,还是以年终总结的表格为例。

第一步:选定数据源区域;
第二步:在插入工具栏中选择"数据透视图";

第5章 售前工程师需要熟练掌握Excel的使用

第三步：在弹出的对话框中，选择设置"数据透视图"的位置；

第四步：像数据透视表那样操作，将"项目名称""客户单位""项目名称""工作量"拖动到相应的位置即可生成数据透视图。同时会生成数据透视表，在数据透视表或者数据透视图中选择筛选条件，即生成相应条件下的数据透视图。如图5-25所示。

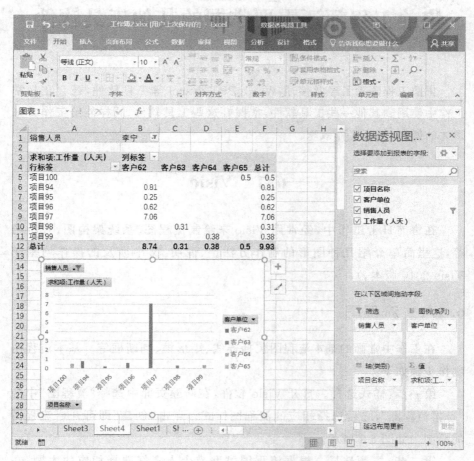

图5-25　生成数据透视图

第6章
售前工程师还需要掌握的其他工具软件

售前工程师除了经常使用 Word、PPT、Excel 等工具软件,还会在日常工作中使用到其他一些工具软件,掌握好这些工具软件,同样能给工作带来很大的便利,提高工作效率。

6.1 Visio

在售前日常工作中,经常用 Visio 来绘制流程图、系统架构图、甘特图等,这里简单介绍几种图形的制作方法。(说明:文中涉及的操作均基于 Visio 2010 版本。)

6.1.1 流程图

在工作中常画的基本流程图包括连线、矩形框、判断框等。基本流程图制作步骤如下。

第一步:样式选择。打开 Visio 软件,在新建页面中选择"流程图"中的"基本流程图",之后选择相应的流程图样式。点击"创建"即可开启流程图的绘制。如图 6-1 所示。

第二步:主题选择。根据流程图类型或个人喜好选择相应的主题,在"设计"工具栏中的主题选项中选择一项主题。如图 6-2 所示。

设置完主题后,如还需做一些颜色和样式的调整,可以在"设计"工具栏中主题选项旁边的变体选项中对主题的颜色、效果、连接线、装饰进行设置,以便适应不同的格式要求。如图 6-3 所示。

第6章 售前工程师还需要掌握的其他工具软件

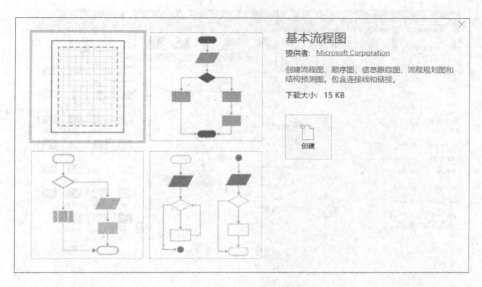

图 6-1 基本流程图选择

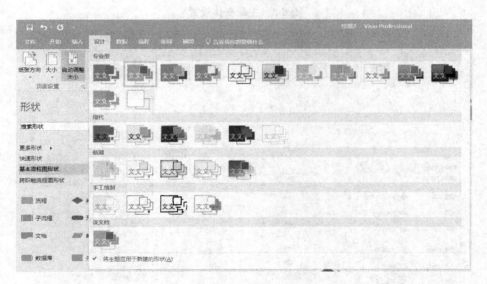

图 6-2 设置主题

第三步：背景设置。系统默认无背景，如需要设置背景，可在"设计"工具栏中的"背景"选项中选择一种系统内置的背景。如图 6-4 所示。

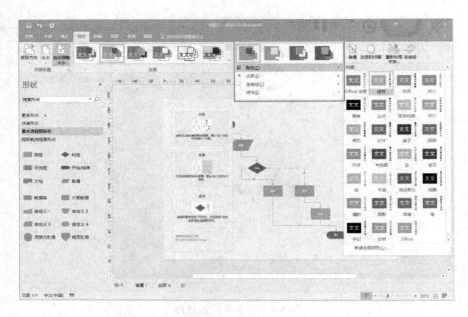

图 6-3　主题变体设置

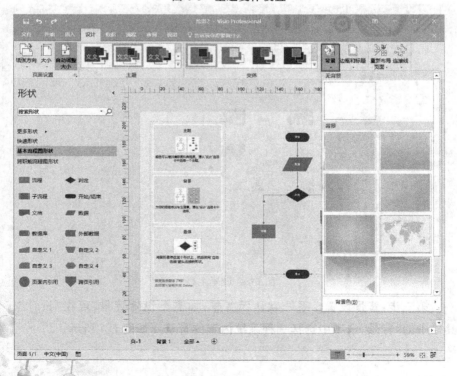

图 6-4　背景设置

第6章 售前工程师还需要掌握的其他工具软件

第四步:边框和标题设置。系统默认无边框和标题。如有需要,可在"设计"工具栏下的"边框和标题"选项中选择相应的边框和标题,并录入标题。如图6-5所示。

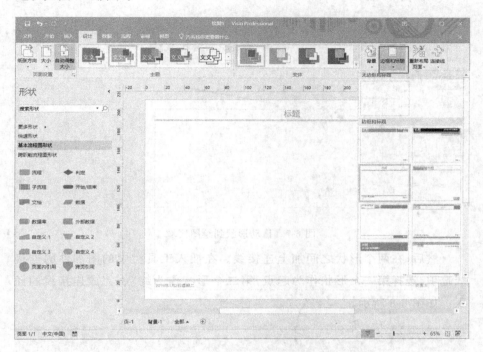

图6-5 边框和标题设置

第五步:制作流程。若选定了流程图模板,可在模板上进行绘制和修改。这里从空白板开始介绍流程的制作过程。

首先,从左侧形状栏中选择开始形状到空白画板的适当位置,并输入"开始",然后鼠标悬停在开始形状上,使用自动连接箭头,连接新形状(如图6-6所示)。也可以直接在左侧形状栏中选择相应的形状拖动到绘图区域(如图6-7所示)。

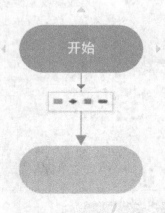

图6-6 自动连接形状

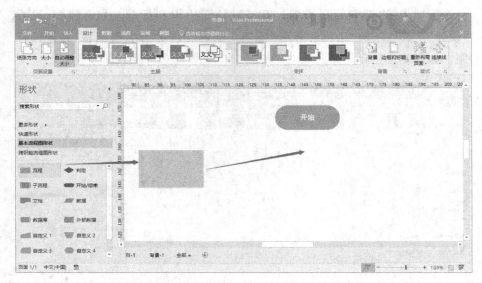

图 6-7 拖动形状到绘图区域

然后,在两个形状之间加上连接线。在插入工具栏中的图部件的连接线选项,选择第一个形状作为起点,第二个形状作为终点,完成连接线的插入。如图 6-8 所示。

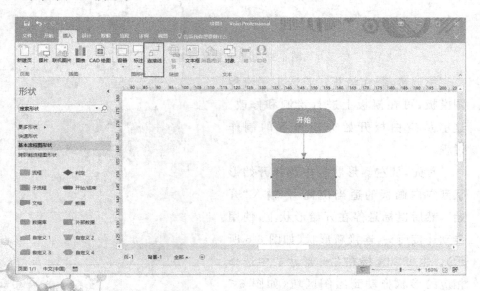

图 6-8 插入选中的形状

第6章 售前工程师还需要掌握的其他工具软件

最后,依次通过自动连接或拖动形状的方式完成整个流程图的绘制。如图6-9所示。

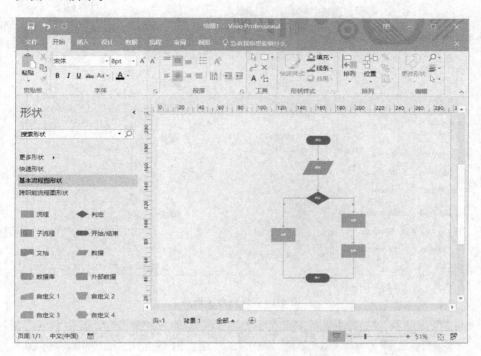

图6-9 完成流程图绘制

这里对流程图绘制做两点补充说明。

(1)流程图制作完成后,若需要调整流程图走向,只需在流程图"流程"工具栏下选择"重新布局页面"选项,设置流程图的走向(↑ ↓ ← →),或更改流程图为层次结构、压缩图结构等其他形式的展示。如图6-10所示。

(2)流程图的更改流程图连接线。若流程图制作完成后,希望更改连接线的形状,可在流程图"流程"工具栏下选择"连接线"选项,对"连接线"进行更改(如图6-11所示)。如需制作涉及跨职能部门的流程图,选择模板进行制作,步骤同上,这里不再赘述。

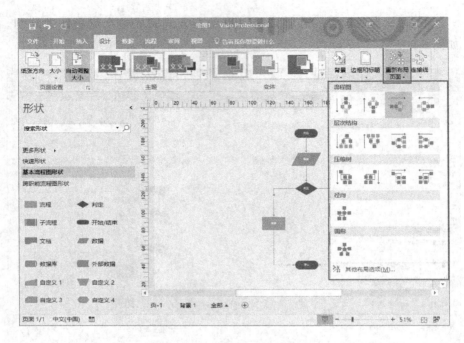

图 6-10　页面布局调整

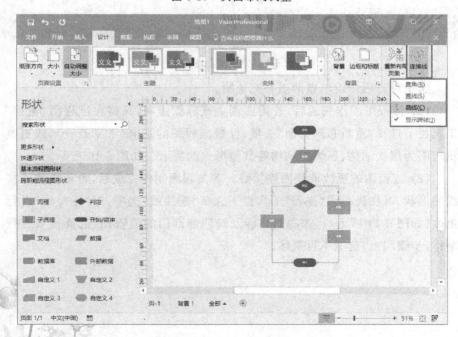

图 6-11　连接线调整

第6章 售前工程师还需要掌握的其他工具软件

6.1.2 系统架构图

在技术方案中,经常会用到系统架构图,Visio 是一个非常好用的架构图设计软件。制作系统架构图需要选择 Visio 软件的基本框图。如图 6-12 所示。

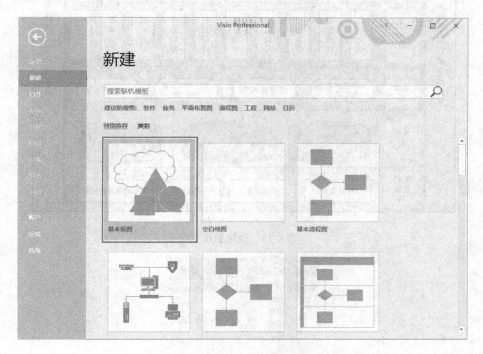

图 6-12 选择基本框图

基本框图的主题、变体、背景、标题和边框的设置同流程图,这里直接说明架构图的绘制过程。

以图 6-13 所示的框架图为例,设计步骤如下。

第一步:拖动矩形到绘图区域,从上图可以看出,除了数据库的图形外,其他都是矩形形状。再拖动圆柱形到数据层区域,输入相应的文字。

第二步:在左侧形状栏中输入"人员",搜索人员图形,拖动到用户层相应区域,并输入对应的文字。如图 6-14 所示。

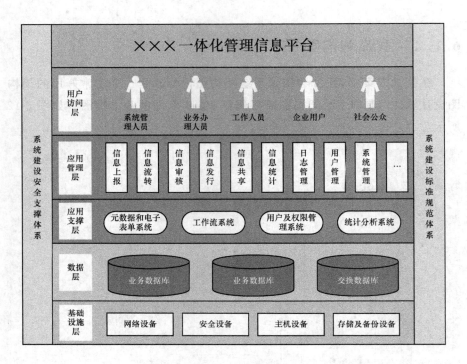

图 6-13　框架图示例

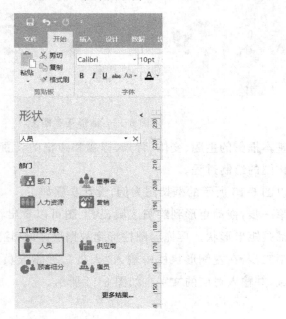

图 6-14　设置人员

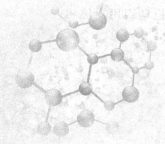

第6章 售前工程师还需要掌握的其他工具软件

第三步:布局调整。对拖动到绘图区域的图形进行排列和位置调整,这些调整方式和 Word 中的调整方式一样,首先选中需要调整的图形,然后选择排列、位置进行相应的调整即可。如图 6-15 所示。

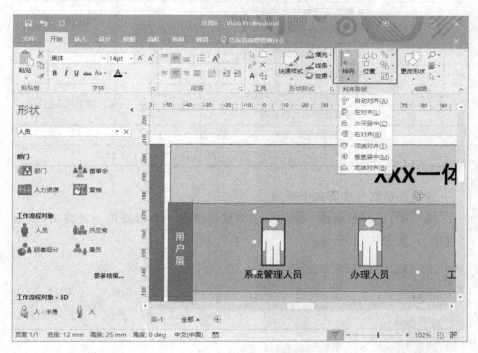

图 6-15 图形布局调整

6.1.3 甘特图

在投标方案中经常要制定项目进度计划,Visio 中的甘特图是非常好用的工期安排图。现将表 6-1 的工期(计划开始时间为 2018 年 1 月 15 日)以甘特图的形式展示出来。

表 6-1 项目工期安排示例

ID	任务名称	持续时间	备注
1	需求调研、分析与总结	15d	
2	系统原型策划与美术设计	30d	两项同步进行
3	系统功能开发	60d	
4	历史数据迁移	7d	
5	系统安装部署集成与联调	7d	
6	系统试运行及 Bug 修改	30d	两项同步进行
7	系统培训与文档整理	15d	
8	系统正式上线	1d	
合 计		120d	

甘特图的制作步骤如下所示：

第一步：选择甘特图。在 Visio 中选择新建→日程安排→甘特图，点击"创建"。如图 6-16 所示。

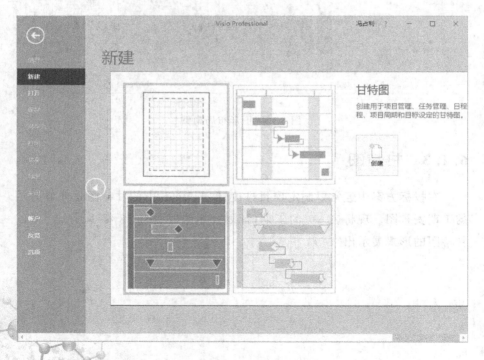

图 6-16 选择甘特图

第6章 售前工程师还需要掌握的其他工具软件

第二步：设置甘特图。从表 6-1 可以看出需要设置 8 条任务，任务历时 4 个月完成，所以设置时间的主要单位为"月"，为了展示清晰，次要单位设置为"周"，开始时间和完成时间适当放宽一些，这样显示会更友好。如图 6-17 所示。

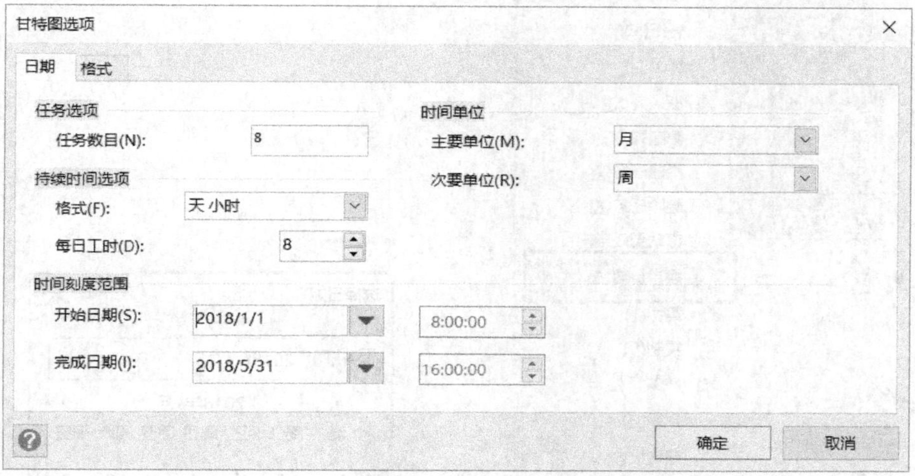

图 6-17　设置甘特图选项

第三步：录入任务信息。将任务描述逐一录入甘特图中。如图 6-18 所示。

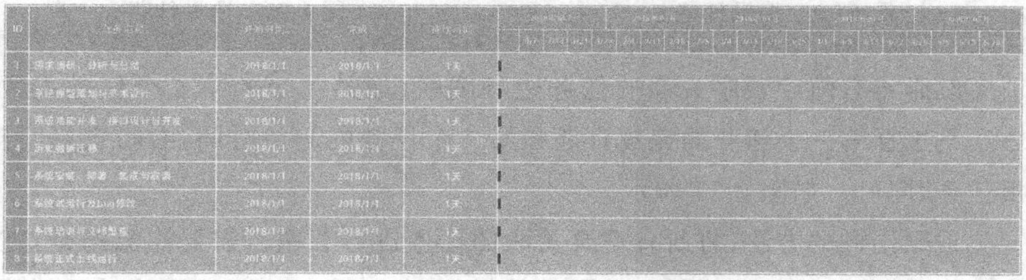

图 6-18　录入任务信息

第四步：配置每项任务的开始时间和结束时间。

首先设置起始时间：选中第一个任务的开始时间，右击选择"编辑日期"。如图 6-19 所示。选择相应的日期，点击"确定"即可。如图 6-20 所示。

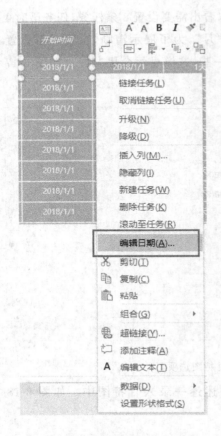

图 6-19 编辑日期　　　　图 6-20 选择日期

然后将有前后顺序关系的任务进行关联,如第一个和第二个任务关联方法是选择第一个任务的完成日期和第二个任务的起始时间,右击选择"链接任务"即可。如图 6-21 所示。

按照同样的方法,将所有需要关联的任务进行关联。需要注意的是,在本项目工期中,第 2、3 项任务是同步进行的,所以第 2、3 项的起始时间都要关联到第 1 项任务的结束时间。对于后续任务,则要关联到同步进行任务中用时较长的一个,也就是第 4 项的起始时间要关联到第 3 项的结束时间。同样的第 6、7 项也要进行相应的操作。如图 6-22 所示。

第6章 售前工程师还需要掌握的其他工具软件

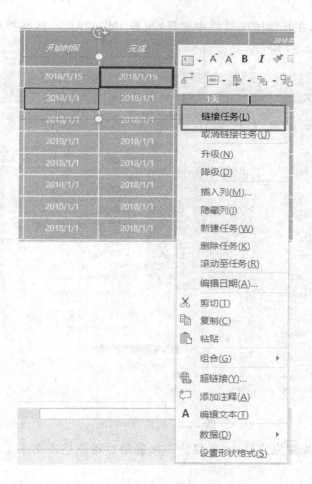

图 6-21 关联任务

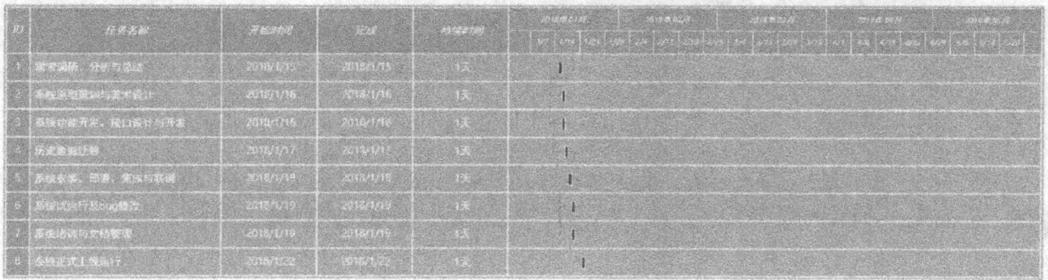

图 6-22 设置各项任务关联

第五步：对应录入每项任务的持续时间。需要注意的是，系统默认的是按照工作日来计算持续时间，如果项目工期是按照日历日计算，则需要对日期进行配置,在甘特图工具栏中选择"配置工作时间"。选择相应的工作日即可。如图 6-23 所示。

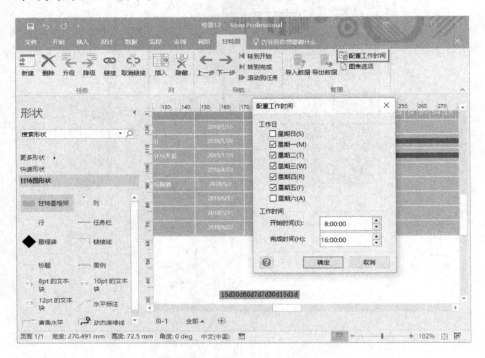

图 6-23　配置工作时间

工作日配置完成后,本项目的工期就用甘特图呈现出来了。如图 6-24 所示。

图 6-24　制作完成的甘特图

用甘特图编制项目工期有一个优点,如果某一项任务的时间有变动,只需要将持续时间进行调整,系统会自动生成新的工期甘特图,非常方便。

第6章 售前工程师还需要掌握的其他工具软件

6.1.4 简单原型图

在方案编写过程中,有时需要画一些简单的原型图,用于展示建设效果。Visio 提供了丰富的图标、对话框、工具栏和控件供用户选择,制作原型非常便捷。如图 6-25 所示。

图 6-25 图标控件

如果要做一个如图 6-26 所示的类似的界面,制作步骤如下。

图 6-26 类似工作界面

105

如何成为**优秀**的IT售前工程师

第一步:制作面板头部。拖动左侧面板工具窗口"对话框"中的"面板"到绘制窗口中,设置相应的颜色:在"开始"工具栏下选择"填充",设置相应的颜色。如图6-27所示。

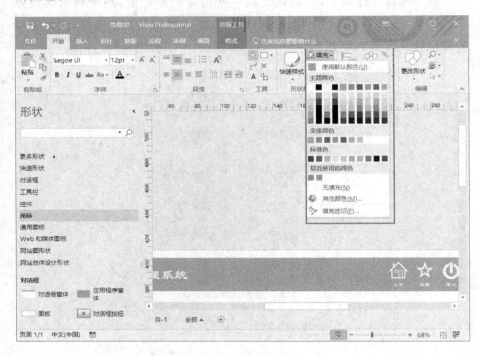

图 6-27 设置面板

插入文本框,置于面板头部左侧区域,输入"×××管理系统",从左侧面板工具窗口的"Web和媒体图标"中拖动相应图标到面板头部右侧区域,并插入文本框,置于三个图标下方,输入图示,调整文字大小和颜色。

第二步:页面标题设置。插入文本框,置于面板中部区域,左右居中,输入"系统设置"。拖动左侧工具窗口"工具栏"选项中的"菜单项分隔符"置于系统设置之下。

第三步:图标设置。拖动左侧工具窗口"对话框"选项中的"状态栏"图标至系统设置下方区域,并从"通用图标""Web和媒体图标"中选择相应的图标置于方框中,并插入文本框,输入相应文字。

第四步:对所有图标、文字进行布局调整,效果设置(如图片阴影设置)。调整完成后的界面如图6-28所示。

第6章 售前工程师还需要掌握的其他工具软件

图 6-28 设计完成的界面

6.2 Axure

在项目支持过程中,画原型系统是售前工程师必不可少的一项工作内容。即使是产品型售前,也不能保证产品能百分之百满足客户的需求。这时为了能让客户的需求得到更直观的体现,画原型是一个很好的选择。

Axure 是一个专业的原型系统制作工具。上一节内容介绍了通过 Visio 制作简单页面原型,Visio 适合制作简单、独立的页面,而对于比较复杂的原型设计,尤其对于定制开发类的项目,Axure 就有着绝对的优势。

开发类项目人员会经常使用 Axure 画原型,给客户呈现对需求理解的界面;产品经理需要用 Axure 设计新系统的原型;售前工程师也需要掌握这个工具软件,因为涉及一些定制化开发的项目投标,为了更好地体现对项目需求的理解,可以通过画原型图进行展现。图 6-29 为作者某次投标时所做的原型。

如何成为**优秀**的IT售前工程师

图 6-29 参考原型页面

第6章 售前工程师还需要掌握的其他工具软件

接下来以 Axure 6.5 介绍这款工具软件的使用。Axure 自带很多控件，包括文本框、单选按钮、复选框、上传附件、表格、按钮和图片等控件，直接拖拽这些控件到界面上，可以大大提高原型系统制作效率。更重要的是，通过把一整套页面导出生成 html 文件，可以在不同的原型界面间建立关联，而不是每个原型界面都是孤立的，需要单独点击才能查看。通过跳转、链接等方式，把逻辑关系和流程完整地进行展现。

因为售前与项目人员、产品经理的职责有很大区别，并不需要制作那么详尽的系统原型，因此这里只介绍系统原型设计中几个比较常用的、能提高原型制作效率的功能。

6.2.1 母版的使用

系统原型设计中，总是会有一些元素在多个页面中重复出现，用复制粘贴的方式不仅效率低，而且改动起来也比较麻烦，需要改动多个页面。如设计系统页面的导航，这时就需要用到页面母版，在所有需要这个母版的页面中应用此母版，后期修改只需要在母版中进行修改，这样可以大大提高工作效率。

母版的制作过程如下。

第一步：在母版窗口中新增母版。如图 6-30 所示。

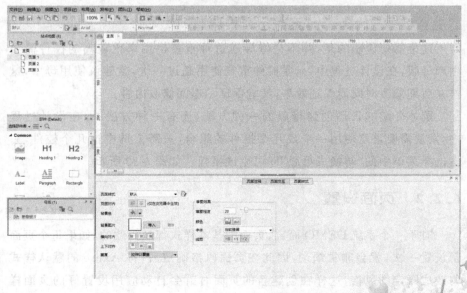

图 6-30 新增母版

第二步：制作母版内容。模板的制作过程与页面的制作是一样的，这里不再赘述。

第三步：应用母版。母版制作完成后，右击模板，选择新增母版到页面（Add to Pages…），在弹出的窗口中选择相应的页面即可。如图6-31所示。

图6-31 新增母版到页面

这里需要说明的是：并不是像导航这种重复使用率比较高的控件需要生产母版，在设计过程中，只要控件重复使用超过一次，就建议使用母版，这样在后期修改时既能保证效率，又能保证不遗漏修改内容。

刚才介绍的只是创建母版的一种方法，还有一种方法，即在设计过程中，发现需要重复使用一个或几个控件的组合，只需要选中这几个控件，右击选择菜单中的"转换成母版"即可生成模板。如图6-32所示。

6.2.2 页面设置

对于一个系统DEMO而言，页面的基本样式都是一致的，如果每个页面都设置一次，就会非常烦琐，因此在页面风格确定后，将Axure的默认样式修改成既定的风格，这样在创建新的页面时就会自动应用设置好的页面样式，可大大提高工作效率，也为后期页面的修改提供便利。

第6章 售前工程师还需要掌握的其他工具软件

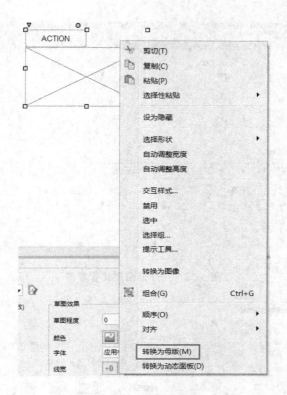

图 6-32 转换为母版

修改默认页面样式的步骤如下。

第一步:打开一个页面,在页面下方的视窗中,选择页面样式,点击页面样式后面的" ",打开页面样式管理器。如图 6-33 所示。

第二步:在页面样式编辑器中,对默认的页面样式进行修改。如图 6-34 所示。

页面样式效果包括以下四方面。

- 页面对齐:有"左对齐"和"居中对齐"两个选项。
- 背景颜色:根据需要进行设置。
- 背景图片:根据需要导入相应的图片,并可对背景图片横向、纵向的对齐方式和重复形式进行设定。
- 草图效果:包括草图的程度;页面为彩色还是黑白色;页面的默认字体;线条宽度的设置。

设置完成后,点击"确定"即可完成对默认页面样式的修改。

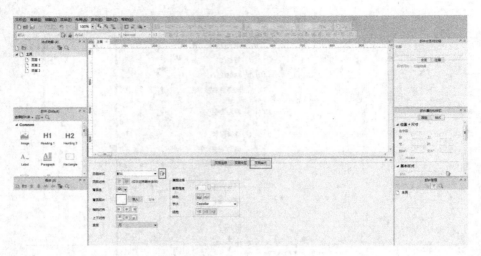

图 6-33 打开页面样式管理器

图 6-34 样式编辑器

第三步：应用页面样式。默认样式修改完成后，在该页面中新增页面将自动套用默认的页面样式。

第6章 售前工程师还需要掌握的其他工具软件

6.2.3 使用辅助线

为了让控件在页面上准确对齐,使用辅助线是一个非常好的方法。Axure允许用户创建两种辅助线:一种是局部辅助线,只存在于一个页面上;一种是全局辅助线,存在于全部的页面上。在画布区域右击选择"网格和辅助线",点击"创建辅助线"。设置完成后,点击"确定"即可完成辅助线的设置。如图6-35所示。

图6-35 选择创建辅助线

然后设置辅助线相关属性,如图6-36所示。

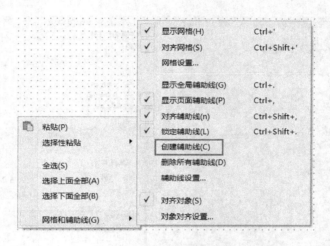

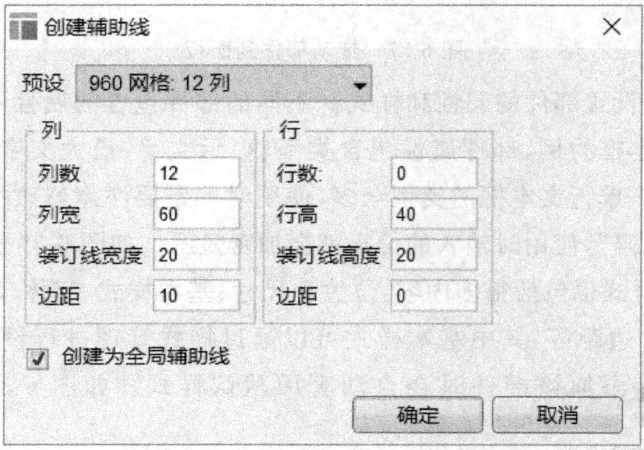

图6-36 设置辅助线属性

需要说明的是,在创建辅助线窗口中,系统默认选择"创建为全局辅助线",若需要创建局部辅助线,则需要去掉选择"创建为全局辅助线"。

6.2.4 部件的使用

Axure 最基本的元素就是部件,系统内置丰富的部件库,下面用一个实例介绍部件的使用和设置方法。

第一步:拖动部件到面板。如图 6-37 所示。

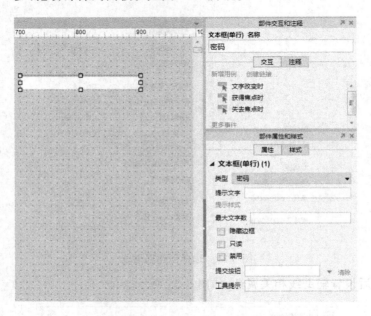

图 6-37 拖动部件到面板

第二步:设置部件的属性和样式。不同的部件包含的属性不同,以最常用的单行文本框为例,部件属性包含类型、提示文字、最大文字数等。这里需要说明的是单行文本框的类型众多,使用时一定要注意修改类型,如果选择类型为"密码",使用时输入的信息就会加密显示。如图 6-38 所示。

部件的样式也包括很多内容:位置和尺寸、基本样式、字体、填充、线性+边框,对齐+边距等,其中基本样式可以通过样式管理进行设置。设置好默认样式后,添加该部件时会自动套用默认样式。如图 6-39 和图 6-40 所示。

第6章 售前工程师还需要掌握的其他工具软件

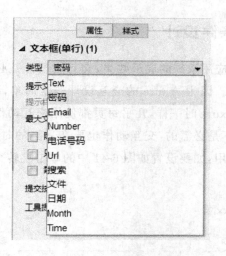

图 6-38 设置文本框类型

图 6-39 设置部件样式

图 6-40 设置各种部件样式

· 115 ·

6.2.5 交互条件设计

要想产生实际应用系统的展示效果,交互式设计是必不可少的,但是交互并不是越多越好。因为 Axure 的交互设计非常简单,导致很多读者会和笔者刚开始使用 Axure 时一样,几乎每页都使用交互动作。然而,在许多情况下,交互动作并不是必需的,交互动作也要在适当的时候使用。下面举例说明交互动作的使用:如要设置如图 6-41 中的单击跳转交互。

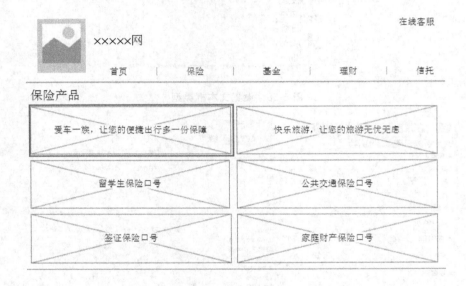

图 6-41 需要跳转的页面

跳转的页面如图 6-42 所示。

设置步骤如下。

第一步:选择需要设置交互条件的部件,点击右侧部件交互与注释里的交互选项"鼠标单击时",选择"新增用例"。如图 6-43 所示。

第二步:设置交互条件。在用例编辑器中的用例说明中,点击"新增条件",在弹出的条件生成窗口中设置条件,如图 6-44 所示设置相应的内容。设置完成后点击"确定"。

第三步:新增交互动作。本实例是要设置点击后跳转的动作,因此需要选择链接中的"打开链接",打开链接中可以选择以下四种方式。

第6章 售前工程师还需要掌握的其他工具软件

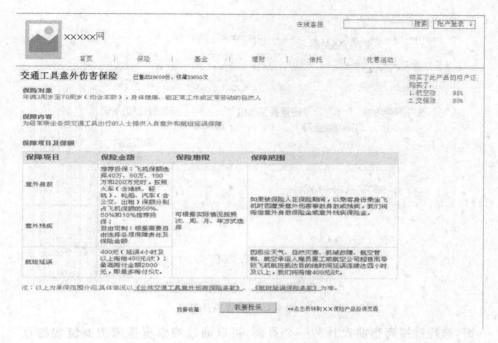

图 6-42 跳转后的页面

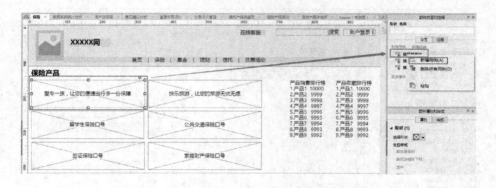

图 6-43 选择新增用例

- 当前窗口
- 新窗口/标签页
- 弹出窗口
- 父窗口

根据需要进行选择,在本例中选择当前窗口,然后设置打开链接的页

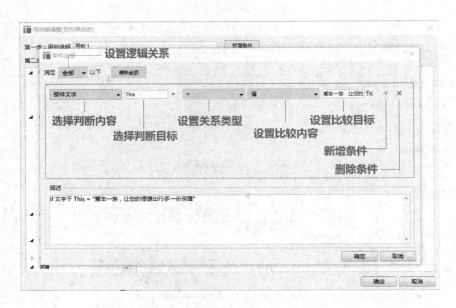

图 6-44 设置条件

面,选择链接到当前设计的一个页面,可以通过搜索框搜索想要链接的页面,选定后,点击"确定"即可完成交互动作的设置。如图 6-45 所示。

图 6-45 交互动作设置

第6章 售前工程师还需要掌握的其他工具软件

交互动作设置完成后,该部件上方会显示一个蓝色的角标,表示该部件有交互动作。如图 6-46 所示。

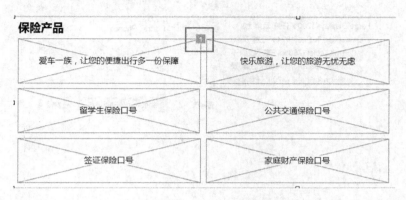

图 6-46 交互动作设置完成

6.2.6 自适应视图设计

如果在给客户讲解时需要演示适配多种分辨率的设备,在原型设计时,需要进行自适应式设计,自适应设计完成后系统会自动识别设备分辨率,并显示与分辨率相适合的原型进行匹配。自适应视图的设计方法是,在项目工具的下拉菜单中选择"自适应视图",设置相应的分辨率,点击"确定"即可。如图 6-47 所示。

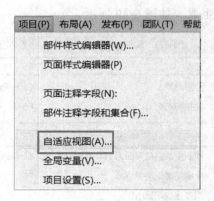

图 6-47 自适应视图

然后设置自适应视图属性信息,如图 6-48 所示。

119

图 6-48 自适应视图设置

6.2.7 原型发布

原型设置完成后,可以进行发布,发布前可以通过发布工具栏下拉菜单的预览,或直接使用 F5 快捷键预览原型设计效果。

系统提供多种发布方式,在售前阶段,发布较多的为 HTML 文件,可以使用快捷键 F8 直接生成。如图 6-49 所示。

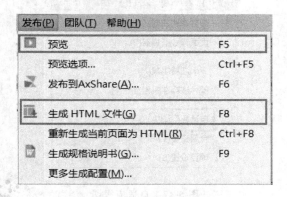

图 6-49 原型预览与发布

除了使用 Axure 制作原型图外,墨刀也是最近几年兴起的一款比较出

第6章 售前工程师还需要掌握的其他工具软件

色的在线原型系统设计工具。有兴趣的读者也可以通过访问 https://mod-ao.cc 学习使用。

6.3 MindManager

MindManager 是一款思维导图软件。思维导图又叫心智导图，是表达发散性思维的有效的图形思维工具，它简单却有效，是一种革命性的思维工具。思维导图运用图文并重的技巧，把各级主题的关系用相互隶属与相关的层级图表现出来，把主题关键词与图像、颜色等建立记忆链接。

使用最新版本的 MindManager(v16.0) 可以制作很多类型的导图，包括放射状导图、右向导图、树状导图和组织状导图等。MindManager 功能非常强大，有很多具体的应用场景和使用方法，但是作为售前工程师，需要熟练使用这款工具软件来制作基本的放射状导图和组织状导图，并用于实际项目方案中，以提高工作效率。

下面以放射状导图为例，简单介绍这款工具的使用。

6.3.1 选择模板文件

放射状导图，常常用来分析、梳理项目需求。除了快速画出结构图（通过按回车键就可以直接增加新的内容），还可以自由可视化拖动调整显示顺序。

首先，选择系统自带的模板文件，模板文件会显示基本的样式，方便制作者了解视图的形状，然后点击"创建导图"。如图 6-50 所示。

6.3.2 增加主题

选择模板文件后，就可以添加主题内容了。在中心主题上点击右键，选择插入中的"主题"，就可以增加新的主题了。如图 6-51 所示。

并且通过在当前主题上按回车键，可以连续增加多个同级的子主题，这样制作效率大大提高。如图 6-52 所示。

当主题框中的文本信息内容较长时，可以使用 Shift＋Enter 快捷键对文本信息换行。

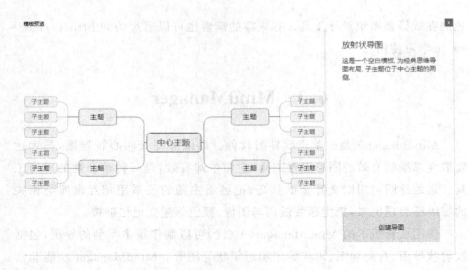

图 6-50　选择放射状导图模板创建导图

图 6-51　增加新的主题

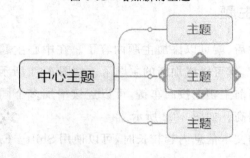

图 6-52　通过回车创建新的主题

第6章 售前工程师还需要掌握的其他工具软件

6.3.3 增加子主题

选中当前主题,点击右键,选择插入中的"主题",就可以增加子主题了。也可以使用快捷键 Insert,直接增加子主题。如图 6-53 所示。

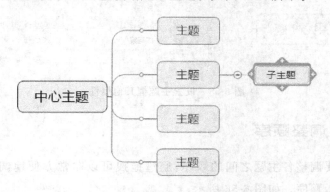

图 6-53 增加子主题

系统可以支持插入多级子主题。为了查看方便,可以将层级进行收缩,也可以显示全部层级。图 6-54 所示为多级主题示意图。

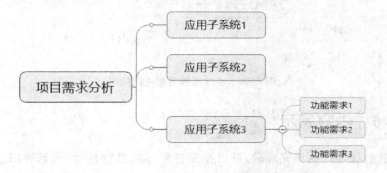

图 6-54 多级主题展示

6.3.4 添加其他内容

每个主题框中的内容,除了可添加文本信息之外,还可以添加图片、链接和附件。右键点击主题框,选择相关按钮进行操作。如添加链接,则可以跳转到其他链接。如图 6-55 所示。

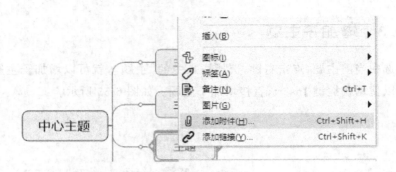

图 6-55 设置主题框其他属性

6.3.5 调整顺序

如果要调整各主题之间的顺序,通过拖拽可以非常方便地调整各主题之间的显示顺序。如图 6-56 所示。

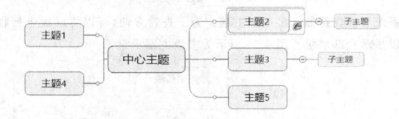

图 6-56 通过拖拽调整主题顺序

6.3.6 内容展示

放射状导图制作完成后,可以按照各种样式进行显示,包括导图、大纲、链接的导图等多种样式。选择大纲样式进行展示,可以清晰地查看主题之间的层级关系,可以选择将这些内容以文本形式进行发布,也可以选择以幻灯片的形式播放各主题内容。如果需要以幻灯片形式播放,首先需要创建幻灯片。在视图中选择演示文稿下的幻灯片,然后选择"自动创建幻灯片",如图 6-57 所示。

第6章　售前工程师还需要掌握的其他工具软件

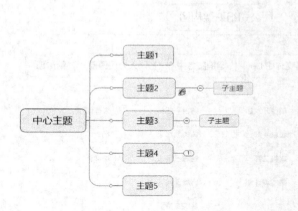

图 6-57　设置幻灯片展示方式

然后点击演示文稿中的幻灯显示，就可以以幻灯片形式播放内容了。如图 6-58 所示。

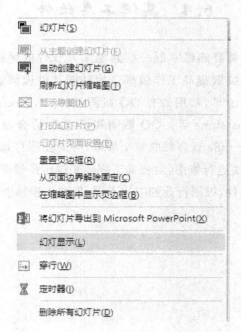

图 6-58　幻灯片显示方式

组织状导图的制作方法和放射状导图一样，首先选择好组织状导图的模板，然后进行设置。如图 6-59 所示为组织架构图示意图。

· 125 ·

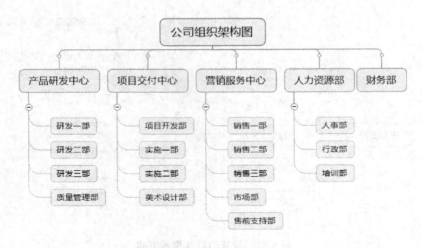

图 6-59 组织架构图示意图

6.4 其他工具软件

  售前工程师还需要熟练掌握一些其他工具软件的使用方法,并在日常工作中通过使用快捷键提高工作效率。如截图软件应该是经常要用到的。市场上有很多截图工具,常用的有 QQ 截图,SnagIt,Firefox 浏览器自带的截图按钮,以及 Faststone 等。QQ 截图和 SnagIt 适合截取部分区域的图片,Firefox 和 Faststone 适合截取整个屏幕,并对图形区域进行筛选。如果还能使用 PS 适当地进行修图,对售前工程师来说也是很有必要的。

  其他的工具软件,根据行业的应用不同,售前工程师也需要掌握一些。

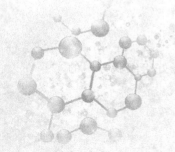

第 7 章
如何准备和客户交流

一般来说,一个项目从商机到正式签订合同,和客户进行正式交流是第一步,也是成功的重要一环。在正式交流之前,客户可能已经通过销售人员、同业人员、合作伙伴甚至友商对己方公司有了初步了解。这些了解可能是片面的,也可能是不客观的,和客户交流的目的就是要让客户充分了解公司,认可公司的综合实力、产品和解决方案等。所以,不打无准备之仗,做好和客户交流的各项准备工作是非常重要的,需要从以下几个步骤着手。如图 7-1 所示。

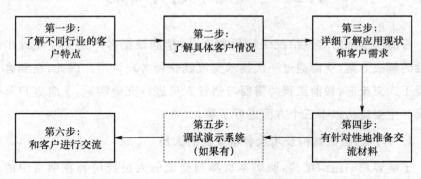

图 7-1 和客户交流步骤

7.1 了解不同行业的客户特点

每个公司,在长期发展过程中,都会形成自身的优势产品,积累自身的行业客户。有的公司擅长政府业务、有的公司擅长企业业务、有的公司擅长金融业务等,不一而足。如果需要和新行业的客户进行技术交流,首先要了解新行业的客户特点。

以门户网站建设类项目为例,政府门户网站经过十几年的建设发展,已经形成了比较规范的功能定位和考评标准,主要包括政务公开、办事服务、互动交流等一些大的功能项。其中政务公开主要包含机构概况、政务动态、人事信息、规划计划、财政信息、权责清单、重点领域信息、数据发布等内容;办事服务主要包含事项分类导航、场景式服务、办事指南、表格下载、办理入口、办理结果查询等功能;互动交流包含咨询投诉、意见征集、网上调查、在线访谈等功能。政府门户网站按照上述标准规范进行建设基本不会产生太大偏差。

而如果是银行门户网站,重点则应是服务功能,主要应包含网银登录、个人业务、公司业务、电子银行、理财工具、信用卡业务、网上商城、网点查询、资讯发布、投资者关系等功能。

所以,不同行业的客户,通常具有不同的行业特点,这些都需要售前工程师提前做好功课,了解相关行业知识。

7.2 了解客户具体情况

售前工程师对客户情况了解得越充分,越能根据客户的关注点提出针对性的解决方案,从而通过一次技术交流就获得客户认可。因此,在和客户开展正式交流前,售前工程师需要与销售人员进行充分沟通,了解客户具体情况。主要应从以下三个方面进行了解。

1. 客户的组织结构及本次参与交流的人员

了解客户的组织结构,明确本次参与交流的人员身份和在项目中的角色。如哪些人是业务人员、哪些人是技术人员等,因为不同角色的人员关注重点通常不一样。一般来说,业务人员关注系统功能、使用便利性等,技术人员关注系统架构、功能二次开发的便捷性以及可维护性等。有针对性地准备交流材料,能很好地引起客户的重视。

2. 本次交流的目的

通常,一个项目从立项前的调研到最后签订合同,整个过程客户会和不同的供应商经历若干次交流,少则几次,多则十次八次都有可能,每次交流的目的都不尽相同,所以售前工程师应了解本次交流需要达到的目的。如

第 7 章 如何准备和客户交流

作者在 2013 年曾经参与国内某知名大型地产集团的项目,从第一次交流到最后投标,不到 3 个月的时间里,拜访客户多达 10 次,每次参与交流的人员都有所不同,交流的重点和目的也不相同。项目立项前的交流,客户可能想了解行业内有哪些厂商和产品、各厂商之间产品的差异性等,这样他们可能对项目建设就有了初步了解;中间过程中的技术交流,客户可能想详细了解各厂商的综合实力、产品的技术特点和优势、成功案例等。

3. 后续的工作安排

如果仅通过一次技术交流就达到交流目的,这当然是最好的结果,也是售前工程师应追求的最高价值目标。如果因各种原因(如本次交流主管领导没有参加)还需要进行下一次交流,那么售前工程师就得为下一次交流做好准备。尽管可能交流的内容差不多,但是不同听众关注的重点不一样,所以在交流时要有不同的侧重点。

7.3 详细了解应用系统现状和客户需求

售前工程师需要对客户的应用系统现状和需求进行深入了解,并据此准备有针对性的交流方案,从而贴近客户的实际需求。为了详细了解客户的应用系统现状和现阶段实际需求,售前工程师需要与销售人员进行充分沟通,必要时可以通过电话、微信、QQ 等方式与客户方联系人联系。

根据实际工作经验,需要从以下几个方面了解应用现状和客户需求。

1. 应用系统现状分析

如果可以通过访问客户现有的应用系统(如门户网站等),从第三方使用者的角度体验应用系统,由此分析出存在的问题比较具有说服力,也更能获得客户的认可。

2. 了解现阶段客户工作中的"痛点"

通过与销售人员深入沟通,或者直接和客户沟通,详细了解客户对目前系统不满意和迫切需要修改的问题。如功能不好用、系统不稳定、访问速度慢等。

3. 业务需求

本次项目建设是否需要参考行业标准或者政策性文件,是否有可参考借鉴的同行业的成功案例,是否有新增的功能需求以及其他要求等,这些都是需要了解的,通常由客户方的业务部门提出。

4. 技术需求

客户对于新系统的建设是否有基本的建设目标、应用规模要求,包括对系统的并发性、安全性、可靠性、易用性、扩展性等要求。同时了解客户对系统框架、技术开发平台、新技术应用的偏好等。技术需求通常由客户方的技术部门提出。

7.4 有针对性地准备交流材料

通过充分了解客户的应用系统现状和业务、技术需求,接下来就需要为拜访客户、开展技术交流准备针对性的交流材料。初次拜访客户,如果客户没有另做要求,交流材料以 PPT 形式展示比较好。交流材料应包含以下内容。

1. 公司情况介绍

公司情况包括公司成立时间、人员规模、分支机构、商务资质、主要产品和成功案例等基本资料。如果有比较重要而同行业其他公司没有的内容,可以重点突出,如公司上市情况等。有些客户比较看重本地化服务,如果公司在当地有分支机构,也可以重点说明。作者看过有些公司的基本情况介绍,会放置一些获奖证书、客户表扬信之类的内容,个人认为这些内容没有必要进行介绍。

2. 成功案例介绍

成功案例具有很强的说服力,可以让客户认同公司的能力。和客户同等级别的成功案例越多,越能引起客户的关注。如果没有同类案例,和客户业务、客户等级相类似的案例也可以。如客户是保险公司,如果没有保险行业的案例,银行、证券类的案例也可以多准备一些。

3. 现有应用系统现状分析

提出客户现有应用系统存在的问题和不足。在这里特别强调一点,如果客户不忌讳描述系统现状和问题,可以多准备一些内容,否则应该点到为止,不宜过多描述。

第7章 如何准备和客户交流

4. 项目建设思路和方法

一般来说,这是领导比较关注的内容。通常领导都不太关注系统的详细功能介绍,而更关注项目建设思路和方法,这也是体现一个项目方案"高大上"的地方。

5. 有针对性的解决方案

作为技术交流,这部分内容应是交流的重点,也是充分展示公司技术实力、产品特点和优势的部分,所以需要认真准备。特别是功能模块,如果已经得知客户的详细需求,都应该体现在建设方案中。在这里,"图文并茂"是很好的展示方式,通过系统功能截图附以文字介绍,能充分体现出针对性,而不是给客户介绍放之四海而皆准的内容。

6. 需要强调和突出展示的内容

这部分内容,可以根据客户的要求和对系统建设情况的理解酌情准备。

特别强调一点注意事项,如果有些客户处(如保密要求比较高的单位)不允许使用自带电脑进行讲解演示,只能将准备好的文件拷贝到客户处电脑上,此时需要考虑文档版本的兼容性。应提前将准备好的PPT保存成两个版本,即".ppt"和".pptx"。有些客户处可能只有 WPS 系统,还应另外将PPT 存成为 PDF 文件,以免在客户处影响文件展示。

7.5 调试演示系统

如果和客户交流过程中涉及系统演示,或者公司已经开发了成熟的产品,应准备好演示系统给客户进行展示。

为避免在系统演示时出现问题,需要做好充足准备。交流前应对演示系统进行充分调试、试用,试用内容应包含系统演示环节中,尽可能涉及和客户需求相关的主要功能,以便及时发现演示系统中可能存在的问题或者不稳定的功能,这样在演示环节就可以有选择性地避开。同时,还需要针对不同类型的客户准备演示范例,让演示环境看起来更真实。另外,如果演示系统部署在远程环境,还需要提前和客户沟通,准备好网络环境,以避免临时无法上网、不能演示系统的尴尬。

不管售前工程师对演示系统有多熟悉,在拜访客户前,都应提前登录系统进行调试、试用,杜绝可能存在的问题及隐患。毕竟软件系统存在各种不确定性,提前发现问题就可以避免交流现场出现问题。

7.6 和客户进行交流

这是准备和客户交流过程中最后也是最重要的一个环节。根据准备好的交流材料,针对客户的需求进行深入交流,充分介绍公司的解决方案,展示公司实力,获得客户认可,这是作为一位售前工程师的价值体现。

第一,了解现场参与交流的客户人员组成。开场时通过双方互相介绍,了解客户方哪些是业务人员,哪些是技术人员,谁是本次交流的召集人(一般是项目联系人),谁是项目负责人。前面介绍过,一般来说业务人员比较关注系统的功能和易用性,技术人员比较关注系统开发技术和架构,项目负责人比较关注价格和建设周期等。在交流过程中,针对不同的讲解内容,可以利用肢体动作、眼神和不同的人员交流。同时,也需要介绍己方公司参与交流的人员,谁负责商务,谁负责技术,这样当客户提问时,也可以明确知道让谁回答比较合适。

第二,询问本次交流的时长,时间长短决定讲解内容的时间分配。一般来说,有领导参加的交流,售前工程师讲解的时间不宜过长,作者认为控制在30分钟左右比较合适。如果没有限制交流时间,从听众高度集中的接受度和讲解者持续的激情度来说,45分钟到1小时比较合适,不宜超过1小时。

第三,在交流过程中,售前工程师需要有重点、有针对性地讲解,避免面面俱到,避免同一语调、语速从开始讲到结束,这样讲解者会很累,听讲者也会觉得没有重点。而且,售前工程师不能只顾自己演讲,眼睛只盯着屏幕看,而要不时和客户进行肢体动作、眼神交流。

第四,讲解过程中,售前工程师需要和客户进行互动,特别是要结合客户的业务和"痛点"进行交流,这样才能贴近客户,引起客户的共鸣。演讲过程中,很忌讳只讲解准备好的内容,或者只介绍产品的功能,而和客户的业务没有关联,这让客户感觉没有针对性,听起来干巴巴。

第五,在回答客户的问题时,售前工程师应和销售人员密切配合,分工协作。涉及技术方面的问题时,售前工程师应主动回答,涉及价格等商务问

第7章 如何准备和客户交流

题时,销售人员应主动回答,售前工程师不应越位。涉及既非技术又非商务的问题,如公司情况、客户案例等,售前工程师和销售人员都可以回答,但应避免互相抢答或者都不回应。回答客户问题时,两者之间可以互相补充,但不能自相矛盾。售前工程师和销售人员互相配合时间长了,容易形成默契,这种默契对达成良好的交流效果非常有帮助。

第六,回答客户问题时,坦诚相告。这一点对于有经验的售前工程师来说,都能拿捏得比较好。对于能回答的问题,如实回答,或者适当夸大;对于不能回答的问题,或者不熟悉的领域,一定不能说大话,过分吹嘘,让客户感觉不实在、不懂装懂。在前面的内容中讲过,我国经过多年信息化建设,各个单位、各个行业都积累了很多业务专家和技术专家,如果售前工程师把不会的说成会,把不知道的说成知道,一旦让客户拆穿,除了现场自己难堪外,也很难让客户对公司建立信任关系。

最后,交流结束之后,售前工程师应对本次交流的内容进行简短总结,是否就某些问题和客户达成了共识,就某些关键需求的理解是否和客户达成了一致,并咨询后续应做好哪些工作,是否需要协助客户做些什么,是否需要提供相关资料等。同时,售前工程师也需要和销售人员进行总结,交流过程中是否有什么问题,是否有什么需要注意的事项,并在以后的工作中进行改正。

7.7 需要注意的问题

拜访客户前以及在和客户交流过程,需要注意以下几个问题。

1. 何时拜访比较合适

如果销售人员可以和客户商定拜访时间,最不建议的时间就是13:00～13:30拜访客户,因为这个时间段正是大多数人午休刚结束的时间,可能还没有完全进入工作状态。如果交流的内容恰巧客户不感兴趣,交流效果会大打折扣。

2. 注意守时

售前工程师和销售人员应至少提前10分钟到达客户处,守时是最基本的要求。宁可早一点到,也不能让客户等。同时,早一点到达客户处,还可以调试投影仪、演示系统等。如果确实因为交通拥堵等原因会迟到,也应该在约定的时间之前告知客户原因和大概到达的时间,以示对客户的尊重。

3. 带好相关证件

有些客户,如安全要求比较高的政府单位、金融机构等,在进入客户办公场所时,一般要凭借身份证件等进行登记,所以要随身携带身份证或驾驶证等证明身份的相关证件。

4. 电脑桌面保持清洁

售前工程师应养成良好的工作习惯,电脑桌面上不应放置过多图标,也不应放置其他项目文档。保持清洁的电脑桌面,除了便于查找资料、保证文件安全外,也可防止其他客户的项目信息泄露。

5. 关闭电脑上的无关应用

个人电脑上的 QQ 或微信等即时通信工具、电子邮箱、杀毒软件、输入法皮肤等自动启动的无关应用应提前关闭,以免交流过程中不时有窗口弹出或消息提醒而干扰交流。

6. 带好记事本和笔

客户提问时,售前工程师可以把客户关注的问题及时记录下来。对于客户提出的问题,能回答的问题当场回答,不能回答或者不确定的问题,先记录下来,后续有明确答案后,及时给客户回复。

7. 注意投影仪的接口问题

现在很多超薄笔记本电脑或者微软的 Surface 电脑,都不自带 COM 串口,而很多型号老一点的笔记本电脑又不自带 HDMI 接口。而在客户处经常碰到的设备要么是 COM 串口的投影仪,要么是高清电视,所以经常外出的售前工程师,应在电脑包里提前准备好转换接头,以免无法外接显示设备。

另外,在和客户交流之前,适当地做一些额外功课是非常有必要的。因为在与客户的交流过程中,并不总是基于业务和技术交流,其中难免会有闲聊,而有关客户单位所在地的历史、地理、人文、生活等则是避免不了的谈

第7章 如何准备和客户交流

资。在交流前充分了解这些知识,交流过程中有意无意地谈起,会让客户感觉对他们的情况非常了解,进而拉近与客户的距离,提升好感。如要跟进某老字号集团网站改版升级项目,那么该老字号的历史、品牌文化、发展历程、科技创新等信息就需要在交流前充分了解,这样在交流过程中才能和网站改版目的结合起来,从而更具有针对性。

第 8 章
如何写好售前文档

作为售前工程师，日常工作中，除了拜访客户进行产品讲解、技术交流外，编写文档就是最主要的工作内容了。这些文档既包括产品白皮书、行业解决方案等通用性较强的基础文档，也包括项目建设方案、投标方案等针对某个具体客户的项目文档。不管是哪种类型的文档，售前工程师都应该熟练掌握。

8.1 制定文档编写规范

不管是编写基础文档还是项目文档，要提高文档编写效率和文档交付质量，首先应制定文档编写规范，这是非常有必要也是非常重要的。文档编写规范对于标准化项目文档、提高工作效率具有很好的指导作用。

根据多年实际工作经验，作者总结提炼出来一套简单但行之有效的文档编写规范，并获得了众多同事和客户的认可。文档编写规范示例如表 8-1 所示。

表 8-1 文档编写规范示例

首页
1. 首页要写上项目方案名称。如果是投标文件，要标注正本/副本字样；
2. 左上角或右上角需要添加公司 logo；
3. 若投标文件包括项目编号，需要在首页体现，否则不需要添加。

目录
1. "目录"两字，黑体加粗三号居中；
2. 自动生成目录，一般生成三级目录。一级标题黑体加粗小四号字，其他标题宋体小四号字，1.5 倍行间距；

第8章 如何写好售前文档

续表

3. 目录编码从第1页开始；

4. 文档需要设置页眉页脚，宋体小五号字，1倍行间距。页眉写上方案名称，居中对齐，页脚设置页码居中对齐，格式为"-1-"。

正文

1. 正文页码从第1页开始；
2. 每章必须单独插入分节符（下一页）；
3. 一级标题，黑体二号加粗，标题采用"第几章"形式表示；
4. 二级标题，黑体三号加粗，用"×.×"的形式表示；
5. 三级标题，宋体三号，用"×.×.×"的形式表示；
6. 四级、五级标题，宋体四号，用"×.×.×.×"和"×.×.×.×.×"的形式表示；
7. 除非招标文件有明确要求，正文内容一律使用小四号宋体，1.5倍行距；
8. 任何地方不要出现空行和空页；
9. 关于图片：

(1) 图片应适当等比缩放，避免图片过大或太小，且居中对齐；

(2) 在每张图下方都应加入文字注释，黑体五号居中，标注"图×（章节号）—×（序号）×××
×图"；

10. 关于表格：

(1) 对表格行高度、列宽度适当调整，尽量美观，表头内容应加粗、居中对齐；

(2) 如果表格较宽，纵向排列表头行高较高时，应考虑横向排列；

(3) 在每张表格上方都应加入文字注释，黑体五号居中，标注"表×（章节号）—×（序号）××
××表"。

内容

1. 介绍项目建设背景，如果是新建项目，可以多参考政策文件；
2. 总体设计方案，包括总体建设原则、技术路线、系统架构图、主要产品选型等；
3. 如果系统功能较多，且涉及的产品较多时，对各子系统功能介绍应分章进行描述；
4. 如果是初次提交的技术方案，客户没有特殊要求的话，一般不需要写项目实施内容（包括建设周期、人员安排等）和售后服务内容；
5. 正文内容中不得出现其他客户名称和其他项目名称；
6. 如果该客户之前对公司不了解，可以在最后编写一章附录，简要介绍公司情况和典型成功案例。

其他要求

续表

1. 初次提交的文档命名格式：×××项目建设方案v1.0,如果在同一天进行了修改,则变更版本号位v1.1、v1.2;如果文档提交时间间隔比较久,为方便查找,后续修改可以以时间命名版本,如v20180826;

2. 文档属性中的标题要与文档标题一致,不能出现两者不匹配的情况;

3. 要在文档属性中修改文档的作者;

4. 不要在章节中出现单节标题,如第四章内容只有4.1,没有4.2,这时就不需要设置4.1。

8.2 写好基础文档

基础文档主要包括产品白皮书、行业解决方案和产品宣讲PPT等。

8.2.1 产品白皮书

产品白皮书,英文全称为Product White Paper,在产品项目过程中属于"流程类"文档,是对某一个产品进行公开说明的企业官方文件。通过该文档,企业可以用一种正规的、规范的形式对产品进行发布说明。规模大一些的IT公司的产品白皮书一般由产品经理编写,但是在中小型IT公司,售前工程师参与编写产品白皮书的情况也比较常见。

在编写产品白皮书时,一般应包含以下内容。

- 产品研发背景

主要介绍产品研发的必要性,可以根据PEST做分析,即Political(政策背景)、Economy(经济价值)、Social(社会因素)、Technology(科技技术),得出产品研发的必要性和价值。

- 产品总体概述

主要介绍产品的开发语言、总体技术架构、总体逻辑结构、总体功能结构等。

- 产品主要功能特点和优势

对产品的主要功能特点进行介绍,并在和市场上同类产品进行比较后,得出产品优势,让客户一目了然。

- 关键技术

介绍产品在研发过程中,使用了哪些最新技术和关键技术。

第8章　如何写好售前文档

- 应用场景和客户价值

主要描述产品的应用场景,可以在哪些客户、哪些应用中使用,提炼出使用该产品后可以给客户带来的价值。

- 产品运行环境

介绍产品的运行环境,即运行产品所需的服务器标准配置、适用的操作系统、数据库、应用中间件等。

- 典型应用案例

重点介绍使用该产品的一些典型应用案例,给潜在客户带来信心。

产品白皮书是很重要的一类文档,企业产品信息发布都要以此为基点,不得超越和背离。要特别注意的是,在编写产品白皮书时,要把握"描述多于定义,定性多于定量"的原则。产品白皮书中的内容一定要精简,语言一定要精练,要多对产品本身的功能特点和优势进行总结,让客户可以快速了解、掌握产品的特点。涉及产品的功能介绍时,要重点介绍主要功能,不需要对产品的每一项功能进行详细描述,避免将十几页的产品白皮书写成几十页、甚至上百页的用户使用手册。

8.2.2　行业解决方案

以公司主要产品为支撑,针对某个行业应用编写的方案,一般称之为行业解决方案。因为是行业解决方案,所以在编写时要考虑行业的通用性和适用性,能满足该行业大部分客户的需求。如同样是办公自动化系统,因为行业之间的差异性,针对制造型企业和服务型企业的应用场景就有很大的不同。

行业解决方案非常适合初次拜访客户时使用。当不了解客户的现状,或者不知道客户具体的想法时,可以用解决方案作为初次接触客户的敲门砖,让客户知道公司能做什么、能帮助大部分客户解决什么问题,然后在交流的过程中,让客户说出自己的想法,这样就为下一步和客户进行深入交流、编写针对性的项目方案打下坚实基础。

行业解决方案一般应包含以下内容。

- 解决方案背景介绍

通过对政策文件解读、行业应用情况调研等进行深入分析,介绍解决方案编写的背景。

- 行业现状分析

对行业应用现状进行分析,介绍一些好的做法和不好的做法,可以多描述己方公司的好做法,通过对比总结出行业发展趋势。

- 解决方案内容

提出针对性的解决方案,详细介绍己方公司的方案内容,包括技术路线、总体架构设计、功能设计、安全设计、系统部署等内容。

- 优势总结

通过上述解决方案内容的介绍,总结出己方公司解决方案的优势。优势点一般不需要太多,有4~5点足矣。

- 公司介绍

介绍公司的基本情况,包括成立时间、注册资金、人员规模、分支机构、商务资质等。

- 典型成功案例

选择一些典型成功案例进行介绍,在介绍时要突出项目建设背景、建设规模、实现的价值等。

8.2.3 产品宣讲PPT

产品宣讲PPT是对产品功能、特点的详细介绍,可以说是对产品白皮书的深加工。但和产品白皮书相比,产品宣讲PPT侧重于对产品功能的详细介绍,特别是产品庞大、功能较多时,需要分章节进行描述。产品宣讲PPT除了PPT本身制作精美外,还需要对产品中每个功能点进行归纳总结,突出亮点和优势,而不只是描述产品本身的功能。

8.3 写好项目文档

日常工作中,售前工程师需要根据项目的不同进展,编写不同的项目文档。这些项目文档主要包括解决方案、需求方案、建设方案、规划方案、项目建议书、投标方案等。除了项目建议书和投标方案通常都有严格的模板要求外,其他类型的文档应包含的内容,并没有统一的标准和要求。作者将根据日常工作经验,对各种文档的格式要求和应包含的内容进行描述。

第8章 如何写好售前文档

8.3.1 解决方案

这里所说的解决方案区别于通用的解决方案,主要是指针对具体客户的大概需求编写的方案。大概需求是指客户的粗略想法,还不是很明确、很具体。解决方案主要内容应包括:客户需求分析、针对需求进行响应的技术方案等。具体篇幅,应根据客户的需求情况以及其他的相关要求来确定。

在编写解决方案的时候应注意一点,即方案一定要有针对性,避免拿一份以往的通用方案进行修改,这样很容易给客户造成不用心、不重视的感觉。所以,虽然解决方案相对比较简单,但是也要用心编写,让客户感觉是为其量身定制的。

解决方案一般应包含以下内容。

- 项目背景介绍

简要介绍已有项目的建设背景,包括项目建设时间、取得的成绩、存在的问题等,内容应简洁。

- 项目需求分析

对本次项目建设需求进行分析,包括总体需求、功能需求、性能需求、安全需求等。

- 解决方案设计思路

描述解决方案的设计思路,可以从客户关注的问题、架构设计、产品选型等进行描述。

- 项目建设方案

根据项目需求分析中的主要内容,通过功能设计进行响应。

- 解决方案优势

通过对上述方案内容的介绍,总结出针对本次项目解决方案的优势。

- 公司介绍

介绍公司的基本情况,包括成立时间、注册资金、人员规模、分支机构、主要商务资质等。

- 典型成功案例

选择一些典型成功案例进行介绍,在介绍时要突出项目建设背景、建设规模、实现的价值等。

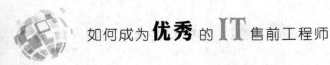

8.3.2 需求方案

需求方案是售前工程师站在客户的角度,帮助客户编写的需求文档。一般包括技术功能需求、安全需求、项目实施需求(包括工期、人员安排等)、培训需求、售后服务需求等。和技术方案相比,需求方案有以下两点很重要的区别。

(1) 需求方案内容相对比较简单。需求方案,只要求说明实现系统功能的想法,简单地提出功能要求。而技术方案的内容比较多,侧重于对具体功能的详细设计,图文并茂地进行描述。

(2) 从客户角度出发,描述需求时,表示的是"应"实现什么功能,达到什么目标。而技术方案表示的是"能"实现什么功能。

需求方案的主要内容应包含以下几方面内容。

- 总体要求

包括技术路线、操作系统、数据库、中间件的选型等,以及系统性能要求,包括最大并发量、在线人数、响应时间等。

- 详细功能需求

根据不同的子系统,分别描述各子系统各项功能的具体要求。

- 基础软硬件设备选型要求

描述基础软件、基础硬件设备的具体参数要求。

- 安全要求

提出系统建设需要达到的安全等级要求,以及供应商需要提供的安全服务等。

- 项目实施要求

提出项目实施过程中的要求,包括项目实施进度计划、人员配置、项目主要人员需具备的资质等内容。

- 培训要求

提出需要参加培训的人员数量、培训课时、培训地点、培训计划、培训教材等要求。

- 售后服务要求

系统上线运行后,供应商应提供的免费服务期限,以及需要提供的售后服务内容等。

第8章 如何写好售前文档

- 其他相关要求

根据具体项目、具体行业提出的其他相关要求。如金融行业的项目,一般会要求供应商提供产品源代码等。

8.3.3 建设方案

从方案内容上来说,建设方案和解决方案的文档结构大同小异。一般来说,第一次拜访客户结束后,如果客户有合作意向,会要求公司提供一份项目建设方案。解决方案中客户的需求不是很明确、很确定,相较而言经过交流、沟通后的客户的需求相对比较明确、比较具体,那么提供给客户的方案就是建设方案。建设方案通常以公司的成熟产品为基础,侧重产品功能的介绍,能满足客户的大部分应用需求,具有较强的通用性。

建设方案的主要内容应包含以下几方面内容。

- 项目建设背景

简要介绍已有项目的建设背景,如项目建设情况、现状、目前存在的问题等,从而引出本次项目建设的必要性。

- 项目建设内容

根据和客户沟通的情况,总结出项目建设包含的主要内容。如果建设内容较多,可以将每一项建设内容提炼为一个子系统,并对每项内容进行简单描述,也可以通过 MindManager 等工具软件画图,直观展示。

- 总体设计方案

对系统建设的设计原则、技术路线、总体技术架构、产品选型等进行描述。特别是产品选型,通过和建设内容一一匹配,让客户感觉公司现有产品可以满足客户大部分需求,而不是完全进行定制开发。

- 项目功能设计方案

根据项目建设内容,逐一对各项内容的功能设计进行描述。至于内容写多少,根据客户的要求而定。作者建议,因为是初次提交给客户的方案,不需要写得太详细,篇幅不宜过长。

- 安全设计方案

根据系统安全等级要求(如等保二级、等保三级要求各不相同),对项目的安全设计方案进行描述。

- 公司介绍和典型成功案例

这部分内容可以作为附录,介绍公司情况和一些典型成功案例,让客户了解公司情况和相关案例。

8.3.4 规划方案

项目规划方案是根据客户的想法、结合大概需求、站在客户角度编写的一类方案。相对项目建议书(后面会详细介绍)来说,规划方案稍简单,篇幅稍短,而且也没有固定的模板。

规划方案的主要内容应包含以下几方面。

- 项目背景介绍

介绍当前项目的背景情况,如果是新建项目并且有政策文件做参考,应多引述政策文件中的相关内容。如果是对已有系统升级改造,需要对现状进行分析。

- 项目主要建设内容

分项介绍项目建设的内容,对每项内容进行简短描述。

- 详细功能规划设计

对分项建设内容中包括的功能规划进行设计,偏向需求介绍,不涉及功能的详细描述。

- 项目建设时间规划

说明项目建设需要花费的时间,一般以月为单位。如果项目建设内容较多、周期较长,还可以规划分期建设,并说明本期项目建设包含哪些内容。

- 项目建设预算

说明建设本项目的预算,如果价格分项较多,可以先列出每一大项的价格,然后分拆大项,详细列出每一分项的价格,这样非常便于查看。

8.3.5 投标方案

毫无疑问,在以项目型为主的 IT 公司,投标方案是售前工程师编写的最重要的方案。投标方案是针对招标文件需求,进行逐一响应的应答文件,通常包括报价文件、商务文件和技术文件。每类文件都有具体的、明确的要求,如格式要求、文档结构、工期要求、人员要求、资质要求等。

能不能顺利签订项目合同,投标方案占有重要作用。特别是在《中华人民共和国政府采购法》和《中华人民共和国招标投标法》的严格要求下,投标

第8章　如何写好售前文档

方案更是尤为重要。如果因为投标方案出现问题导致废标，很可能造成销售人员、技术人员等人员的前期工作功亏一篑，所以售前工程师要高度重视且认真编写投标方案。

编写项目投标方案，和投标支持工作密切相关，涉及的内容比较多，将在下一章进行重点介绍。

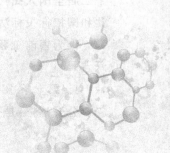

第 9 章
如何做好投标支持工作

投标支持是售前支持工作中的一项重要工作内容,也可以说是售前支持过程中的最后一项工作。投标结束后,不管项目是否中标,售前工程师的工作基本到此为止。项目中标,如果有需要,售前工程师移交项目跟进过程中的相关文档资料给项目经理;如果项目没有中标,售前支持工作到此结束。

从接到项目招标文件开始,售前工程师需要进行一系列工作,包括认真研读招标文件、准备相关资料、编写投标方案、讲标(如有需要)等。这其中有两个重要的法律文件——《中华人民共和国招标投标法》和《中华人民共和国政府采购法》需要售前工程师熟悉并掌握。熟悉相关法律文件,对售前工程师了解项目情况、提前做好相关准备工作有很大帮助。

9.1 学习招标投标法

招标投标法全称是《中华人民共和国招标投标法》,是为了规范招标投标活动,保护国家利益、社会公共利益和招标投标活动当事人的合法权益,提高经济效益,保证项目质量制定的法律。于 1999 年 8 月 30 日第九届全国人民代表大会常务委员会第十一次会议通过,并根据 2017 年 12 月 27 日第十二届全国人民代表大会常务委员会第三十一次会议《关于修改〈中华人民共和国招标投标法〉〈中华人民共和国计量法〉的决定》修正。

作为售前工程师,需要了解的招标投标法的基本内容主要包括以下六点。

1. 第十条 招标分为公开招标和邀请招标。
公开招标:是指招标人以招标公告的方式邀请不特定的法人或者其他

第9章 如何做好投标支持工作

组织投标。

邀请招标：是指招标人以投标邀请书的方式邀请特定的法人或者其他组织投标。招标人采用邀请招标方式的，应当向三个以上具备承担招标项目的能力、资信良好的特定的法人或者其他组织发出投标邀请书。

解释：

不管是公开招标还是邀请招标，都必须有三家以上的供应商参与，否则招标活动无效，需要重新招标；

没有收到投标邀请书的，不能自行参加邀请招标。

2. 第二十四条 招标人应当确定投标人编制投标文件所需要的合理时间；但是，依法必须进行招标的项目，自招标文件开始发出之日起至投标人提交投标文件截止之日止，最短不得少于二十日。

解释：

这里所指的二十日，既可以是自然日，也可以是工作日。如果是自然日，一般不得包含国庆节、春节等放假时间在内，搞突击开标。

3. 第三十一条 两个以上法人或者其他组织可以组成一个联合体，以一个投标人的身份共同投标。

联合体各方均应当具备承担招标项目的相应能力；国家有关规定或者招标文件对投标人资格条件有规定的，联合体各方均应当具备规定的相应资格条件。由同一专业的单位组成的联合体，按照资质等级较低的单位确定资质等级。

解释：

联合体各方均应具有相关资质，并同时放置在投标文件中，并且以资质等级较低的单位确定最终资质等级。

4. 第二十八条 投标人应当在招标文件要求提交投标文件的截止时间前，将投标文件送达投标地点。招标人收到投标文件后，应当签收保存，不得开启。投标人少于三个时，招标人应当依照本法重新招标。

在招标文件要求提交投标文件的截止时间后送达的投标文件，招标人应当拒收。

解释：

参加投标时，授权代表不能迟到，哪怕迟到1秒钟也不行，如果投标文件提交时间超过规定时间,将直接被废标。

5. 第三十七条 依法必须进行招标的项目,其评标委员会由招标人的代表和有关技术、经济等方面的专家组成,成员人数为五人以上单数,其中技术、经济等方面的专家不得少于成员总数的三分之二。

解释:

业主方人员也可以作为评标专家之一。

在 2017 年财政部令第 87 号《政府采购货物和服务招标投标管理办法》中规定,采购预算金额在 1000 万元以上,评标委员会成员人数应当为 7 人以上单数。

6. 第四十一条 中标人的投标应当符合下列条件之一:

(一)能够最大限度地满足招标文件中规定的各项综合评价标准;

(二)能够满足招标文件的实质性要求,并且经评审的投标价格最低;但是投标价格低于成本的除外。

解释:

报价很重要,如果各供应商技术方案差不多,最低价容易中标。

9.2 学习政府采购法

政府采购法全称是《中华人民共和国政府采购法》,是为了规范政府采购行为,提高政府采购资金的使用效益,维护国家利益和社会公共利益,保护政府采购当事人的合法权益,促进廉政建设而制定的法律。于 2002 年 6 月 29 日第九届全国人民代表大会常务委员会第二十八次会议通过。并根据 2014 年 08 月 31 日第十二届全国人民代表大会常务委员会第十次会议《关于修改〈中华人民共和国保险法〉等五部法律的决定》修正。

作为售前工程师,需要了解的政府采购法的基本内容包括以下十点。

1. 第二条 在中华人民共和国境内进行的政府采购适用本法。

本法所称政府采购,是指各级国家机关、事业单位和团体组织,使用财政性资金采购依法制定的集中采购目录以内的或者采购限额标准以上的货物、工程和服务的行为。

第9章 如何做好投标支持工作

解释：

涉及各级国家机关（包括各级人大、人民政府、法院、检察院等机构）、事业单位（包括科研院所、医院、学校等单位）和团体组织（包括科协、工会、共青团、妇联等组织）的项目，一般都要按照政府采购流程进行招标。

2．第二十二条 供应商参加政府采购活动应当具备下列条件：

（一）具有独立承担民事责任的能力；

解释：

三证合一之前，在投标文件中需要放置营业执照、税务登记证和组织机构代码证，三证合一后放置统一社会信用代码的营业执照。

（二）具有良好的商业信誉和健全的财务会计制度；

解释：

一般来说，如果招标文件中没有专门说明，在投标文件中需要放置上一年度经会计师事务所审计的财务审计报告，其他机构如税务师事务所审计的财务报告无效。

（三）具有履行合同所必需的设备和专业技术能力；

解释：

可以在投标文件中放置计算机软件著作权登记证书、同类案例证明材料（合同关键页）等资料。

（四）有依法缴纳税收和社会保障资金的良好记录；

解释：

需要在投标文件中放置缴纳税收和社保资金的证明材料，如果没有特别说明，放置最近三个月的证明材料。

（五）参加政府采购活动前三年内，在经营活动中没有重大违法记录；

解释：

如果招标文件中提供了格式文档，应按要求填写没有重大违法记录的声明。如果没有提供格式文档，可自拟格式填写说明。

（六）法律、行政法规规定的其他条件。

解释：

编写其他声明材料，如非联合体投标声明、不转包分包声明、不使用进口设备声明等。

3. 第二十六条 政府采购采用以下方式:

(一) 公开招标;

(二) 邀请招标;

(三) 竞争性谈判;

(四) 单一来源采购;

(五) 询价;

(六) 国务院政府采购监督管理部门认定的其他采购方式。

解释:

公开招标和邀请招标的区别在招标投标法中有详细说明。

单一来源采购肯定是很多供应商都希望的采购方式,是指采购人向唯一供应商进行采购,但公开招标是政府采购的主要采购方式。

竞争性谈判也需要至少三家供应商参加,而且一般都会进行第二次报价。

询价方式常用于采购的货物规格、标准统一、现货货源充足且价格变化幅度小的政府采购项目。邀请报价的供应商数量至少也应为三家。

不管是哪种采购方式,作为参与竞标的供应商来说,需要准备的投标文件内容基本上都是一致的。

4. 第三十条 符合下列情形之一的货物或者服务,可以依照本法采用竞争性谈判方式采购:

(一) 招标后没有供应商投标或者没有合格标的或者重新招标未能成立的;

(二) 技术复杂或者性质特殊,不能确定详细规格或者具体要求的;

(三) 采用招标所需时间不能满足用户紧急需要的;

(四) 不能事先计算出价格总额的。

解释:

如果采用竞争性谈判方式,采购时间可以缩短一些。另外,价格是影响成交结果比较重要的因素。

5. 第三十一条 符合下列情形之一的货物或者服务,可以依照本法采用单一来源方式采购:

(一) 只能从唯一供应商处采购的;

第9章　如何做好投标支持工作

（二）发生了不可预见的紧急情况不能从其他供应商处采购的；

（三）必须保证原有采购项目一致性或者服务配套的要求，需要继续从原供应商处添购，且添购资金总额不超过原合同采购金额百分之十的。

解释：

采用单一来源采购方式比较多的是运维服务类项目。

6. 第三十四条　货物或者服务项目采取邀请招标方式采购的，采购人应当从符合相应资格条件的供应商中，通过随机方式选择三家以上的供应商，并向其发出投标邀请书。

解释：

只有单一来源采购方式要求一家供应商。包括竞争性谈判在内的其他几种采购方式都需要三家以上的供应商，否则不能开标，需要重启招标。

7. 第三十五条　货物和服务项目实行招标方式采购的，自招标文件开始发出之日起至投标人提交投标文件截止之日止，不得少于二十日。

解释：

这里所指的二十日，可以是自然日，也可以是工作日。如果是自然日，一般不得包含国庆节、春节等长假放假时间在内，搞突击开标。

如果修改了招标文件，并且修改的内容可能会影响供应商准备投标方案，开标时间可以顺延。

8. 第四十六条　采购人与中标、成交供应商应当在中标、成交通知书发出之日起三十日内，按照采购文件确定的事项签订政府采购合同。

解释：

三十日内采购人和成交供应商需要签订合同，如果超出时间，采购人需要做出说明。

9. 第五十二条　供应商认为采购文件、采购过程和中标、成交结果使自己的权益受到损害的，可以在知道或者应知其权益受到损害之日起七个工作日内，以书面形式向采购人提出质疑。

解释：

投标人如果觉得权益受到损害，要在规定时间内及时提出质疑，超过了时间就不能再进行质疑。

10. 第五十三条　采购人应当在收到供应商的书面质疑后七个工作日内

做出答复,并以书面形式通知质疑供应商和其他有关供应商,但答复的内容不得涉及商业秘密。

解释:

如果在七个工作日内没有收到答复,可以继续向监督部门提出质疑。

9.3 阅读和理解招标文件

招标文件是编写投标方案的重要参考依据,作为售前工程师,需要详细阅读、深度理解招标文件。(说明:为方便阅读和理解,此处所指的招标文件包括政府采购中的公开招标文件、邀请招标文件、竞争性谈判文件、单一来源采购文件、询价文件,以及其他行业各种类型的带有招标性质的项目需求文件,统称为招标文件。)

招标文件有电子版,也有纸质版,少则几十页,多则上百页。如果是电子版招标文件,为了避免在查看电子版时遗漏招标文件中的重要内容,强烈建议打印装订成册之后进行阅读。

阅读招标文件时,可以分为略读和精读两个阶段。略读时,关注一些重要事项,如什么时候投标、项目建设周期、项目预算、售后服务时间、注意事项内容等。精读时,就需要详细了解每一项内容。作为售前新人,在阅读招标文件时,可以用水彩笔圈注出重要内容,如标注为"★"的内容、需要提前准备的商务资料等。有些工作习惯比较好的售前人员,除了用水彩笔做标注,还会专门用页签进行分类,以方便查看。

9.3.1 招标文件的组成

招标文件通常包含投标邀请、投标人须知、合同主要条款及格式、技术规范需求书、投标文件格式、其他说明等内容。

- 投标邀请

投标邀请是对项目情况的简单说明,包括项目名称、项目预算、投标文件递交时间、开标时间和地点、采购人信息、招标代理机构信息等基本信息。

- 投标人须知

第9章　如何做好投标支持工作

这是招标文件中的重要内容之一。除了由一般说明、招标文件等组成的常规内容外,还包括投标文件的编制、投标文件的递交、开标与评标等重要内容。其中,"投标文件的编制"中说明了投标文件组成内容,这是编制投标文件的重要依据;"投标文件的递交"说明了标书的打印、封装、签字、盖章等细节和注意事项;而"开标与评标"中说明了详细的评分标准等内容。投标人须知需要销售人员和售前工程师认真阅读并加以注意。

- 合同主要条款及格式

这部分内容一般是招标代理机构或采购人拟定的项目采购合同模板,如果招标文件中没有专门要求,对于本章的内容,投标文件中不需要单独响应。

- 技术规范需求书

这也是招标文件中的重要内容,是投标文件组成中技术文件编写的重要参考依据。除了详细的技术功能需求要求,还包括项目工期要求、人员安排要求、售后服务要求等内容。

- 投标文件格式

这也是招标文件中的重要内容,对商务资质文件的格式要求做了严格规范,在编写投标文件时,一般不得擅自修改这些格式文件。这些格式文件包括投标函、开标一览表、分项报价表、法定代表人授权书、商务条款偏离表、技术条款偏离表、投标人企业资格声明、各种资格证明文件以及一些声明函等。

- 其他说明

根据项目特殊要求提出的特别说明。

在精读招标文件时,要特别注意以下内容。

- 项目技术功能要求

除了了解基本的功能要求,还需要特别关注特定的功能。一般来说,这些都是系统的核心功能点,客户特别看重。

- 项目工期要求

招标文件中都会对项目工期提出明确的要求,从一个月到一年,时间长短不一,根据项目建设内容的多少来确定。有的工期要求比较粗略,如只规定系统上线时间;有的要求比较细,明确了项目各阶段的具体时间要求。

- 人员安排要求

一般对项目人员的安排要求包括三点：一是包括项目经理在内的项目核心人员必须具备相关资质，如项目经理应具有高级项目经理证书或PMP证书等；二是要求项目人员数量配置不少于多少人，如对美术设计要求比较高的项目，会要求美术设计人员不少于3人等；三是要求项目开发实施期间，项目团队核心骨干人员未经客户同意不得擅自调整等。

- 售后服务要求

政府项目一般要求售后服务时间不得少于一年，也有两年和三年的，甚至有的地方还有要求提供五年免费售后服务；企业项目售后服务时间一般为一年。

- 系统质量要求

质量要求是指对系统上线提出的要求，一般内容为系统上线前需要做哪些测试，包括验收测试、安全测试、等级保护测试等。

- 评分标准

评分标准是决定项目是否中标的考评要求，售前工程师需要和销售人员一起，从价格、商务、技术评估相关选项和分值，并提前做好准备工作。特别是价格得分，涉及多种计算方式，其中最主要的有两种计算方式：一种是满足招标文件资格要求且投标价格最低的投标报价为评标基准价，其价格为满分；另一种是以满足招标文件要求的所有评标价格的算术平均值的某个百分比为评标基准价，相同的为满分。前一种报价要求比较简单，后一种就比较难测算了，特别考验逻辑思维和测算能力，在本章的报价文件一节里笔者将以实例进行说明。

9.3.2 投标文件的构成

阅读招标文件时，还有一项内容很重要，即关于投标文件的构成。这是编制投标文件的基本要求，售前工程师需要按要求、按顺序组织投标文件内容。图9-1所示为投标文件构成要求的示例，明确了投标文件中应包括的主要内容以及排列顺序。

第9章 如何做好投标支持工作

```
8. 投标文件构成
  8.1 投标人应完整地按招标文件提供的投标文件格式填写投标文件,投标文件按
A4幅面装订,须编写方便查阅的文件目录,并逐页标明页码。投标文件应包括以下内
容:
    附件1 投标书(格式)
    附件2 开标一览表(格式)
    附件3 投标分项报价表(格式)
    附件4 技术规格偏离表(格式)
    附件5 商务条款偏离表(格式)
    附件6 资格证明文件
      6-1 法人或者其他组织的营业执照等证明文件,自然人的身份证复印件
      6-2 税务登记证书复印件(已办理三证合一的投标人无需提供)
      6-3 法定代表人授权书(格式)
      6-4 服务供应商的资格声明(格式)
      6-5 投标人的财务状况报告:会计师事务所出具的2017年度财务审计报告
      6-6 社会保障资金缴纳记录及依法缴纳税收的证明材料(仅限开标前近3个月
内的有效票据凭证复印件并加盖本单位公章)
      6-7 招标文件要求的其他资格证明文件
      6-8 资质证书(或证明文件)复印件并加盖本单位公章
      6-9 近三年投标人无违法、违纪的承诺书
      6-10 投标保证金
    附件7 详细技术方案
    附件8 中标服务费承诺书(格式)
    附件9 退保证金收据格式(格式)
    附件10 中小企业声明函
    附件11 履约保证金保函(如适用)
    附件12 政府采购投标担保函(如适用)
  8.2 除上述8.1条外,投标文件还应包括本须知第9条的所有文件。
```

图 9-1 投标文件构成要求示例

不同招标公司的招标文件,对投标文件的组成有不同的要求,但投标文件的组成一般包括三部分,即报价文件、商务文件和技术文件,要根据相关要求进行准备、编写。

9.4 编制投标文件

编制投标文件是一项需要投入主要精力且费时间去完成的重要工作。第1章关于售前工程师应具备的品质中提到"耐心"一词,就是指售前工程师要静下心来用心去写方案。

大多数招标文件中,都会对投标文件的组成提出明确的要求。经过分类总结,一般都包括报价文件、商务文件和技术文件三部分。作者接触过的大型IT公司,如系统集成类公司,销售、商务、售前人员分工明确,不同的人负责不同的文件编写,可能商务人员不管技术文件,售前人员不管商务文件。但是更多的中小型软件公司,这三部分内容可能都由售前工程师负责编写。为便于大家系统学习如何编制投标文件,以假定的售前人员需要编

写、整合三个文件展开描述。

9.4.1 报价文件

有些项目出于保密考虑,报价文件一般由销售人员自行编写。但是如果有需要,售前工程师也可参与,包括协助销售人员制作、检查报价文件。

报价文件主要包括投标一览表(或叫开标一览表)和详细分项报价表两部分。详细分项报价表根据项目的类型,一般又分为产品分项报价(含应用软件、基础软件、基础硬件等)、开发实施分项报价(含二次开发、美术设计、数据迁移、系统集成部署等)、服务分项报价(含培训、售后服务等)。在招标文件中,一般都会提供格式文件,只需要按照格式填写。

编制报价文件,作者认为需要掌握以下三个原则。

1. 准确性

这是最基本,也是最重要的原则。准确性主要体现在"三个一致"上。

- 投标一览表和详细分项报价表总价一致。
- 单价计算结果和总价一致。
- 货币大小写一致。

2. 规范性

规范性主要体现在对货币数字的处理上,如价格为12万元,那么小写应该为¥120,000.00,大写应该为人民币壹拾贰万元整。

3. 合理性

合理性主要体现在项目建设周期、项目人员安排数量和人员单价成本的合理分配上。假定一个项目的预算为60万元,建设工期为3个月,那么应该如何安排人员呢?以北京市信息化建设项目每人月单价平均2.5万元计算,60万元=3(时间)*2.5(每人月成本)*8(人员数量),那么安排8~10名项目人员比较合理,安排5人以下或者10人以上,人月单价低于2万元或者高于3万元,相较而言,合理性就要打折扣了。

相比商务文件和技术文件,报价文件相对来说比较容易编制,格式也比较标准、简单。但是如果涉及以平均价格的百分比作为评标基准价,就比较复杂,需要销售人员和售前工程师通过工具软件进行严格测算,计算出最合理的价格。下面以一个实例进行说明。

第 9 章 如何做好投标支持工作

某招标项目预算为 500 万元。关于价格的评分标准是这样描述的:"价格总分 60 分。满足招标文件要求的所有评标价格的算术平均值的 95% 为评标基准价;报价得分按照投标报价每高于评标基准价 1% 扣 1 分、每低于评标基准价 1% 扣 0.5 分的幅度计算,精确到小数点后两位。"

这是一个比较复杂的评分标准,非常考验逻辑思维,下面以此为例,介绍通过 Excel 表格和公式,如何预测报价范围。

第一步:按照之前第 5 章中关于 Excel 的使用所讲的方法,制作 Excel 表格。表头分别为公司名称、报价、基准价、与基准价的差距、价格评分。如图 9-2 所示。为了方便查看,每个单元格做了标记。

	A	B	C	D	E
1	价格评分表				
2					
3	公司名称	报价	基准价	与基准价的差距(%)	价格评分
4	公司A	B4		D4	E4
5	公司B	B5		D5	E5
6	公司C	B6		D6	E6
7	公司D	B7	C4	D7	E7
8	公司E	B8		D8	E8
9	公司F	B9		D9	E9
10	公司G	B10		D10	E10

图 9-2 价格评分表示例

第二步:按照评分标准,编辑基准价的公式。先来研究一下基准价的定义:"满足招标文件要求的所有评标价格的算术平均值的 95% 为评标基准价"。可以这样理解:

前面已经说过,在项目投标中,至少有三家满足要求的公司参加投标才能开标。因此"满足招标文件要求"是个条件值,只有满足这个条件才能得出基准价的结果,因此在这里需要用到条件函数:IF (logical_test, value_if_true, value_if_false),该函数简单说明如下。

● logical_test:条件表达式,就是这里所说的"至少有三家公司参加投标",即报价这一列"B4~B10"非空计数值大于 2,用 COUNTA(B4:B10)>2) 表示。

延伸说明一下,为什么这里用 COUNTA 而不用 COUNT 函数?因为

COUNT 统计的是参数列表中数值型的数字(数字、日期或文本表示的数字会参与计数)的个数,而 COUNTA 统计的是参数列表中非空值的个数。

● value_if_true:如果满足条件,返回的值,就是这里所说的评标基准价的值,即评标价格的算术平均值的 95%,用 SUM(B4:B10)/COUNTA(B4:B10)*0.95 表示。

● value_if_false:如果不满足条件,返回的值,在这里可以输入提示语,如"请输入至少 3 家公司的报价"。

因此,基准价 C4= IF(COUNTA(B4:B10)>2),SUM(B4:B10)/COUNTA(B4:B10)*0.95,"SUM(B4:B10)/COUNTA(B4:B10)*0.95")。

打开公式工具栏,选择"插入函数",在函数列表中查找,或直接搜索函数,点击"转到",转至函数编辑窗口中,按照上述分析的结果分别录入 logical_test、value_if_true、value_if_false 三个参数的值,点击"确定"即完成公式的编辑。如图 9-3 所示。

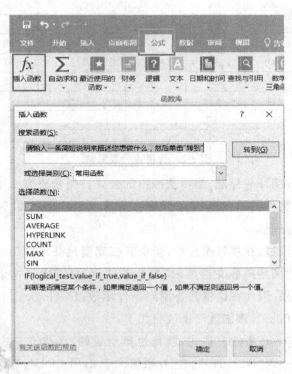

图 9-3 选择函数

第 9 章　如何做好投标支持工作

并且设置函数的相关参数,如图 9-4 所示。

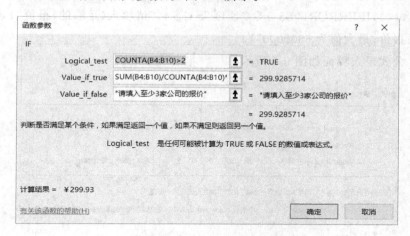

图 9-4　设置函数参数

第三步:计算报价与基准价的差距。在做计算之前还需要判断报价是否为空,是否在有效报价范围内(本例中为 500 万元以内),在不为空且在有效报价范围内的报价,则返回计算结果,否则返回提示信息。因此,这里需要用到 IF (logical_test,value_if_true,value_if_false)函数。其中:

● logical_test:报价非空且在 500 万范围内,AND(B4<>"",B4<=5000000)。

● value_if_true:符合条件时返回的值,因为这里涉及百分比,C4 作为除数需要首先判断是否为空、为 0,或者非数字(提示语出现时),这些情况称之为异常情况。如果没有出现异常,则返回计算值,出现异常则返回提示语。因此,这里需要用到的函数是 IFERROR(value, value_if_error),含义是如果公式的计算结果为错误,则返回指定的值;否则将返回公式的结果。

➤ Value:公式计算结果。以 D4 为例,这里公式是(B4－＄C＄4)/＄C＄4,说明一下公式中的绝对位置,需要在行列前面加"＄"符号。

➤ value_if_error:公式计算结果有误时,返回的特定值。这里给出的说明文字是"请输入(足够的)报价"。

因此,value_if_true ＝ IFERROR((B4－＄C＄4)/＄C＄4,"请输入(足够的)报价")。

● value_if_false:不符合条件时返回的值,这里设置提示语"请输入报价、最大值为 5000000"。

因此,这个计算公式最后为 D4 = IF(AND(B5<>"",B5<=5000000),IFERROR((B5-C4)/C4,"请填入(足够的)报价"),"请填入报价,最大值为5000000")。

公式录入界面如图9-5所示。

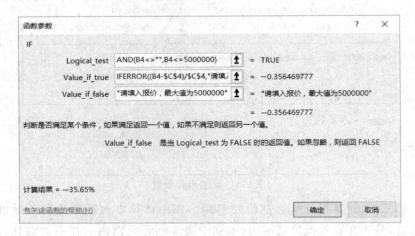

图 9-5 公式录入界面

然后选中D4,拖动公式到D5~D10,完成这一列公式的录入。

第四步:价格评分。同样涉及计算结果,因此也要用到IFERROR(value, value_if_error)函数来判断结果是否异常,并返回相应的结果。

- Value:公式计算结果。先来看一下报价评分计算标准:"报价得分按照投标报价每高出评标基准价1%扣1分、每低出评标基准价1%扣0.5分的幅度计算"。以E4为例,在计算结果前应先判断一下D4的正负,报价分高于基准价,D4>0,报价小于基准价D4<0,两种情况计算方式不一样,因此这里需要使用IF函数,完整的条件公式为:IF(D4>=0,60-D4/0.01,60+D4/0.01*0.5)。

- value_if_error:公式计算结果有误时,返回的特定值。这里给出的说明文字是"请先输入报价!"。

因此,报价得分 E4 = IFERROR(IF(D4>=0,60-D4/0.01,60+D4/0.01*0.5),"请先输入报价!")。

公式录入界面如图9-6所示。

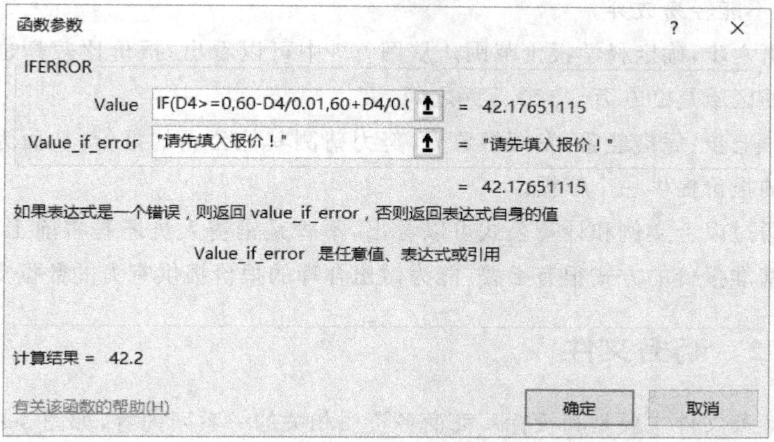

第9章 如何做好投标支持工作

图 9-6　公式录入界面

然后选中 E4，拖动公式到 E5～E10，完成这一列公式的录入。

第五步：判断报价策略。经过三步公式计算后，先通过均匀分布各公司的报价来预判一下报价策略。如图 9-7 所示。

价格评分表				
公司代号	报价（单位:万元）	基准价	与基准价的差距（%）	价格评分
公司A	￥100.00		-66.66%	26.7
公司B	￥180.00		-39.99%	40.0
公司C	￥260.00		-13.31%	53.3
公司D	￥320.00	￥299.53	6.69%	53.3
公司E	￥400.00		33.37%	26.6
公司F	￥450.00		50.04%	10.0
公司G	￥500.00		66.71%	-6.7

图 9-7　计算后的价格评分表

从图 9-7 中可以清晰地看到，在该投标实例中，低价策略和按项目预算报价都不可取，因此需要去掉极端报价的情况。中间报价比较合理，而且可以看出 260 万元和 320 万元的报价得分是一样的，而其中却有 60 万元的利润差,不能轻易放弃。

第六步:确定科学报价范围。从图 9-7 中可以看出,报价比较高也比较合理的区域是 260 万~320 万元之间。

第七步:凭借经验,发挥想象力,努力猜测其他公司的报价,从而为己方公司的报价提供一个依据。

通过以上实例和计算公式可以看出,不管是销售人员还是售前工程师,掌握基准报价的方式很有必要,能为做出合理的报价提供有力的数据支撑。

9.4.2 商务文件

商务文件主要是和投标厂商商务资质相关的一系列内容,如图 9-8 所示为某项目招标文件中关于商务文件的组成内容。

```
8. 投标文件构成
8.1 投标人编写的投标文件应包括(但不限于)下列部分:
    1. 商务部分
    (1) 投标书
    (2) 投标一览表
    (3) 商务条款偏离表
    (4) 技术支持偏离表
    (5) 法定代表人授权书
    (6) 资格证明文件
    (7) 投标保证金:电汇
    (8) 服务承诺书
    (9) 拟投入本项目人员汇总表
    (10) 拟投入本项目人员简历表
    (11) 同类产品或服务的业绩证明
```

图 9-8 某项目招标文件中关于商务文件的组成内容

商务文件一般都有严格的格式规范。主要内容包括以下几方面。

- 投标书(函)

投标书中比较重要的两项内容是投标报价和投标有效期,其中投标有效期必须是招标文件中规定的时间,一般为 90 天。

- 法定代表人身份证明或法定代表人授权书

第9章 如何做好投标支持工作

如果投标厂商的法定代表人亲自参加投标,需要提供法定代表人身份证明;如果法定代表人授权代表参加投标,则需要提供法定代表人授权书,并同时提供法人和授权代表的身份证明材料。

- 技术规格偏离表

按照招标文件中给定的格式要求填写表格,需要对招标规格进行逐一响应,并说明是否属于正偏离、负偏离、无偏离。

关于技术规格偏离表需要细化到什么程度,并没有统一的具体要求。有的公司习惯把每个功能需求点中的每一句描述都作为一项进行响应,结果仅技术规格偏离表一项,内容就多达几十页,甚至上百页;有的公司习惯把每个功能需求点作为一项进行响应。作者倾向于细化到每个功能需求点。

- 商务条款偏离表

按照招标文件中给定的格式要求填写表格,需要对招标文件的商务条款进行逐一响应,并说明是否属于正偏离、负偏离或无偏离。

商务条款一般包含招标文件中要求的各项资格证明文件,以及政府采购法中第二十二条规定的供应商参加政府采购活动应当具备的条件。

- 资格证明文件

资格证明文件是一个大项,包含很多小项,通常包括以下内容。

➢ 企业营业执照

如果没有特别说明,一般提供企业营业执照副本复印件。如果要求提供企业营业执照正本(虽然这种情况比较少见),则一定不能提供副本。

➢ 组织机构代码证、税务登记证

如果投标厂商已经办理了三证合一的统一社会信用代码证,则只提供企业营业执照,否则需单独提供这两个证书。

说明:商事制度改革后,目前基本都是三证合一,但是有些招标文件模板还没有及时修改,所以需要注意。

➢ 投标人资格声明

按照招标文件给定的格式要求,填写投标厂商基本信息,包括注册资金、成立时间、法定代表人、技术负责人、财务负责人、员工人数、财务数据等内容。

➢ 银行资信证明或财务审计报告

银行资信证明由投标厂商的开户银行开具,需要针对专门项目单独开具,抬头为招标代理机构,投标文件正本中提供原件,副本中提供复印件。

财务审计报告为经过会计师事务所审计的财务报告,如果没有专门说明,一般提供上一年度的报告即可,也有要求提供最近三年的。如果招标文件中没有要求提供全部内容,则只提供报告正文页(说明页和盖章页)、四张财务报表(资产负债表、利润表、现金流量表、所有者权益变动表)、会计师事务所营业执照和执业证书、注册会计师证书等内容。

说明:财务审计报告是由会计师事务所出具的报告,其他由税务师事务所出具的企业所得税汇算清缴审核报告不能等同于财务审计报告。

> 税收缴纳记录和社会保障资金缴纳记录

如果招标文件中没有专门说明,在投标文件中需要提供最近三个月的税收和社会保障资金缴纳证明材料。有的招标公司要求提供一个月的,也有要求提供一年的。最多的,笔者曾经见过要求提供三年的。

说明:如果招标文件没有明确要求提供税收和社会保障资金缴纳记录,也需要提供。因为政府采购法中第二十二条对合格供应商的描述里明确提到:有依法缴纳税收和社会保障资金的良好记录。如果因为有投标文件没有提供这两项缴纳记录而导致标书被废,非常可惜。

> 参加政府采购活动近三年内,在经营活动中无重大违法记录声明(政府采购项目)

提供了格式文件的,按照格式文件填写,没有提供格式的,自拟格式编写一段文字声明内容即可。

> 在"信用中国"和"中国政府采购网"无不良记录(政府采购项目)

这是最近几年新出现的要求,需要提供在 http://www.creditchina.gov.cn 网站和 http://www.ccgp.gov.cn/search/cr 网站的查询结果截图作为证明即可。如图9-9和图9-10所示。

图9-9 信用中国网站查询界面

第9章 如何做好投标支持工作

图 9-10 中国政府采购网查询界面

➤ 其他资格证书

提供投标厂商的相关证书,包括软件企业认定证书、高新技术企业证书、ISO 9001 证书、系统集成资质、CMMI 资质、涉密资质、软件著作权登记证书、产品登记证书、专利证书等以及其他专业资质。

- 同类项目情况说明

填写同类项目情况表,提供证明业绩真实性的合同复印件,一般要包括合同首页、合同金额页以及签字盖章页等关键内容,并提供项目验收证明材料。

- 项目人员简历

填写项目人员简历信息,提供证明材料,包括毕业证、学位证以及专业资质,如项目经理证、信息系统项目管理师证、软件设计师证、PMP 证书等。

- 中小企业声明函(政府采购项目)

按照招标文件中给定的格式文件,填写相关信息,包括公司类型、项目信息等内容,比较简单。

- 无行贿犯罪记录证明文件

有些地方的投标项目需要提供这个证明材料,由投标厂商注册地所在的检察院出具《行贿犯罪档案查询告知函》。需要在投标文件正本中提供原件,副本中提供复印件。

- 其他商务文件内容

包括非联合体投标声明、中标服务费承诺书、投标保证金缴纳凭证、其他有利于评审的材料等,需要根据不同的招标文件要求提供。

- 特别注意事项

如果有的投标厂商名称发生了变化(最常见的是有限公司变更为股份公司),为了保证原有的资质文件(如成功案例合同复印件等)在投标方案中有效,需要提供由工商行政管理部门出具的"名称变更通知",并建议放置在商务文件的最前面,以方便评标专家查看。

商务文件中除了明确要求提供原件的,其他文件一般提供电子扫描件,所以对于日常经常使用的资料,提前备好电子版,这样可以大大提高售前工程师的工作效率和质量。

9.4.3 技术文件

技术文件是投标文件的重要内容,也是费时间的部分。如果把报价文件和商务文件比做客观题,那么技术文件无疑是主观题,售前工程师需要根据对项目建设内容和技术需求的深刻理解,最大程度地发挥,有针对性地编写方案,并体现出技术优势和特点。

很多招标文件关于投标文件组成的描述中,会把技术方案夹杂在商务文件中间,如图 9-1 所示中的《附件 7:详细技术方案》,就是详细的技术方案内容。为了避免整合后的投标文件中技术部分内容过多、过于庞大,不便于检查和查看,作者建议可以将详细的技术文件作为整个投标方案的附件。这样,将报价文件、商务文件和技术文件的详细内容分别进行集中展示,方便打印封装前进行检查,更方便评标专家查看。

技术文件的编写需要根据招标文件的技术需求点对点响应,但是从总体结构来说,技术文件的主要章节应包括如下内容。

- 需求分析

很多招标文件上的技术需求,写得比较琐碎、零散,有的甚至前后矛盾。因此,需要对这些需求进行归纳、总结和分析,梳理出清晰的需求结构。

需要注意的是,需求分析不能完全照搬招标文件上的需求,不能只是简单的修改,而应着力在"分析"上。

- 系统总体设计

系统总体设计一般应包括系统设计原则、技术平台选择、总体逻辑架构、基础产品选型、系统性能设计等内容。

➢ 系统设计原则

系统建设的通用原则,包括易用性、可用性、安全性、可扩展性、可移植性、可维护性等内容。

➢ 技术平台选择

包括总体技术路线,以及对开发语言、操作系统、数据库、应用中间件的

第9章 如何做好投标支持工作

选择。

> 总体逻辑架构

通过一张图,说明系统的总体架构,包括数据层、平台层、应用层、表现层、访问层等内容。

> 基础产品选型

即使是纯开发类的项目,一般也要基于某个或几个基础产品进行开发,这些基础产品应作为投标厂商的基础开发平台,提高系统开发效率。

> 系统性能设计

针对招标文件中对系统性能提出的指标要求,提供针对性的设计方案,如缓存技术、负载均衡技术、集群技术等。

- 详细功能设计

技术文件中的重要篇章,需要根据具体的技术需求,进行点对点响应。除了文字描述,图例是最好的说明方法,有一句话叫"文字不够,图片来凑",用在技术方案编写过程中非常贴切。如果提供的基础产品中包括了某些功能项,可以直接截取产品图片;如果产品不包含功能项,可以通过 Visio 或 Axure 系统绘制一些原型图。这样做除了可以充实方案本身的内容外,更重要的是可以让评标专家感受到投标厂商对项目需求的理解。

如果技术需求中涉及的子系统比较多,建议每一个子系统都作为单独的一章进行编写,这样可以避免详细功能设计这一章内容过于庞大,目录藏得太深,不方便查看。

这里特别强调一点:项目金额比较大的项目,详细功能设计中涉及的子系统、功能需求通常比较多,有些重要功能特别是标注"★"的功能设计应该在显著位置体现出来,即不要在三级标题以后展示,这样方便评标专家在文件目录中快速查到。作者曾经看到有售前人员在编制技术文件时,因为严格按照投标文件的组成要求进行编写,将详细功能设计作为三级标题,结果所有的系统功能设计都在三级标题以后。投标文件共计 1000 余页,而投标文件目录只生成到三级标题,导致一条目录项的内容跨越了好几百页,估计评标专家在查看技术文件的内容时,内心应该是比较崩溃的。这种做法笔者个人认为是非常不可取的。如果因此导致评标专家没有看到标注"★"的需求响应或者其他重要内容而使得标书被废,那就更为可惜了。

- 历史数据迁移方案

前面说过,现在很多应用系统建设都是升级改造,新建系统很少,所以涉及应用系统升级改造的,都需要将原系统中的历史数据进行迁移,以保护原有的数据资源可继续得到使用,所以需要对历史数据迁移方案进行描述。

- 系统安全设计方案

不管是政府机构、金融行业还是企业,应用系统的安全都是非常重要的,也是很多客户高度重视的事情。所以,不管招标文件是否有要求,建议单独使用一章篇幅专门描述系统的安全设计方案。

- 项目管理与实施方案

在这一章里,主要内容有两部分,即项目进度计划安排和项目人员安排。招标文件一般都会对项目进度计划提出明确的要求,如 3 个月、6 个月或 12 个月不等。售前工程师需要根据项目总体进度计划要求,详细分解每一阶段的工作内容,如需求调研分析的时长、总体设计的时长、开发实施的时长、测试及试运行的时长等,哪些工作必须按顺序进行、哪些工作可以并行等,都应该体现在进度计划中。关于计划的展现形式,表格、甘特图都可以。如果项目建设周期较长,工作内容较多且细,建议以 Excel 形式展现。

项目实施过程中安排多少项目人员参加,招标文件里一般不会提出明确要求,即使有要求,通常是对项目经理和重要职位人员的要求,以及某些岗位配置人数要求等,所以需要根据项目情况合理安排项目人员。在报价文件一节中提到合理性的问题,即根据项目金额、项目时间要求,合理安排项目人员,人员太多或太少都不合理。另外,任何软件开发类项目,都需要配备包括项目经理、需求分析师、开发工程师、集成工程师、测试工程师、美术设计师、培训及服务工程师等岗位在内的项目人员。有些综合性的大项目,还需要配备其他岗位的人员,如系统架构师、技术总监、配置管理员等。当然,在实际工作中,有些项目人员可能身兼数职,如开发工程师兼任项目前期的需求分析师等。

在这一章中,通常还需要包含项目组织机构、项目沟通管理、需求变更管理、项目质量保障、项目风险管理及应对措施等在内的和项目管理知识体系密切相关的内容,这也是投标厂商项目管理软实力的重要体现。

- 培训方案

培训方案是针对系统的使用和日常管理制定的详细的培训计划,包括培训对象、培训时间和地点、培训课程、培训教师安排、培训教材等内容。

第9章 如何做好投标支持工作

- 售后服务与支持方案

这一章基本算是技术文件的最后一部分了。对于免费售后服务时间和要求,招标文件中都会有明确要求,所以在方案中,需要针对这些要求完全响应,并描述具体的售后服务响应措施以及应急预案等内容。

另外,对于一些大型项目,有些投标厂商为了展现公司对项目的理解,突出自身优势,还会增加以下两章内容。

- 本公司对项目的理解

除了阐述本公司对项目本身建设内容的理解外,还会描述和项目相关的行业政策、发展趋势等内容。

- 本公司在本项目中的优势

主要是通过一些同类案例的介绍,突出本公司在需求理解、项目成功关键因素、项目实施和管理方法、可能的风险和应对措施等方面的经验。

此外,如果技术文件内容比较多,为了方便评标专家查看和理解,可以在开始部分单独加一章技术方案概述,类似一本书的前言,对方案中包含的内容做总体介绍。

9.4.4 需要注意的问题

在编写投标文件时,有几点注意事项需要特别强调一下。

(1) 一份投标文件,小则几十兆,大则上百兆,特别是商务文件内容较多时,文件大小可能达到好几百兆。在编写投标文件时,特别是打开的窗口较多时,为了避免文档编辑工具出现问题,要养成随时保存文档的好习惯(一定要习惯使用 Ctrl+S 快捷键进行保存),以防文档编辑工具软件崩溃时导致所做的工作未保存而丢失。另外,对于每天的工作成果,都要保存不同的版本,一旦文档出现问题,可以尽快查找恢复到最近版本,从而减少损失。

(2) 编写的投标文件不要保存在桌面上,也不要保存在系统盘(一般是C盘)目录下。因为一旦操作系统出现问题,投标文件很可能丢失,导致所做的工作付之东流。作者曾经的一位售前同事,为了方便每天打开文件,习惯把最近正在编写的文件放在桌面上,结果在投标前两天,操作系统崩溃,文件被毁坏。后面连续两个通宵加班加点才把投标文件编写完成。所幸投标文件内容不是很多,还能在投标前想方设法进行弥补,否则,恐怕很难挽回损失。

(3) 考虑到文档编写工具不同版本兼容性问题，在投标文件定稿提交打印时，为了保证文档内容格式规范，不出现排版错乱等问题，最好将最终版本的投标文件保存为 PDF 格式，这样在打印时一般不会产生格式问题。

(4) 养成良好的工作习惯对提高工作效率非常有帮助，售前工程师应该对日常使用的各种资料分门别类进行管理。如对于产品白皮书、项目文档、日常商务资质、人员资质、合同案例等资料，应分别建立清晰的文件夹目录，这样查找使用起来非常方便，达到事半功倍的效果。

9.5 评审投标文件

重要项目的投标文件编制完成后，售前工程师应组织公司内部相关人员对投标文件进行评审。参加方案评审的人员一般应包括售前人员、售前主管、销售人员、销售主管、项目经理、技术负责人、系统集成工程师、质量管理工程师等，如果项目金额比较大或者属于公司重点项目，还应邀请公司主管领导参加。

投标文件评审的主要目的是对方案内容，特别是技术方案进行查漏补缺，发现方案设计中存在的问题和薄弱项，并及时对方案进行调整、修改和完善。在这一过程中，售前工程师需要虚心请教，认真听取反馈意见。除此之外，还要对项目报价的合理性、技术方案的可行性、重要功能的响应度、产品二次开发的难度、项目建设工期和人员安排的合理性、项目质量要求、项目可能存在的风险等进行评估，通过集体讨论、群策群力，提高投标文件的质量。同时，对可能存在的问题进行提前研判，以做好应对准备。

9.6 检查投标文件

投标文件编写完成后，后续的打印、装订、封装等过程，都需要进行严格检查，避免因任何一个环节出现问题而导致公司的投标被废，使售前、销售以及其他支持人员的努力功亏一篑，所以检查投标文件是一项非常重要、严谨的工作。销售和售前应该密切配合，做到不厌其烦，认真细致检查，提高责任心，切勿只是走过场。

第9章 如何做好投标支持工作

9.6.1 检查哪些内容

一般来说,投标文件内容都比较多,比较厚,少则一、二百页,多则上千页,所以首先需要确定检查的内容和重点。

投标文件检查项应包括以下内容。

- 总体要求

目录是否清晰规范,章节和页码是否一一对应。

章节设置是否顺序统一。

页眉、页脚、页码、页边距设置是否规范。

页码是否错乱,是否存在重复编号问题。

字体、字号、行间距设置是否规范。

每一章是否进行了分页。

文件中是否存在空白页。

- 报价文件

各项报价是否准确、规范、合理。

报价单位是否规范。如报价单位是万元,但是按照元进行报价。

投标函中的报价和投标一览表的报价是否一致。

投标一览表报价和详细分项报价表总和是否一致。

报价大小写是否一致。

- 商务文件

项目名称、项目编号是否与招标文件中规定的完全一致。

投标函中的投标有效期是否符合要求。

各项资质文件是否有缺项、漏项。

各项资质文件是否存在错误。

各项资质文件的电子文件是否清晰。

各项资质文件是否都在有效期内。

资质文件要求放原件的是否放了原件。

法人代表、授权代表签字是否有遗漏,盖章页是否有遗漏。

各项声明、承诺函是否有缺项、漏项。

- 技术文件

功能要求是否点对点响应,是否有缺项、漏项。

功能截图是否清晰可见。

标注"★"号的内容在目录中是否能查到。

项目工期安排是否符合要求。

项目人员安排是否符合要求。

售后服务承诺是否符合要求。

内容中是否有其他客户名称、其他项目名称等信息。

- 其他

投标保证金是否及时缴纳并到账。

标书打印数量是否符合要求,正本和副本是否一致。

是否按要求准备了电子版投标文件,电子版文件是否能正常打开。

标书封装、密封是否符合招标文件要求,封面、封条是否加盖了公章,是否有授权代表签字等。

9.6.2 容易造成废标的因素

废标因素包括非技术因素和技术因素。非技术因素比较简单,常见的有:

- 参加投标的供应商不足三家。
- 授权代表迟到导致没有按时提交投标文件。
- 授权代表没有携带身份证等有效证件。
- 投标文件打印、密封不符合要求。
- 没有提供招标文件中要求查验的原件。
- 没有缴纳投标保证金或保证金没有及时到账。

除了"参加投标的供应商不足三家"这一条外,其他都是作为销售人员应该做到的最基本要求,是不允许出现的错误。特别是销售人员迟到,是绝对不能容忍、不能犯的低级错误。

因为技术因素导致标书被废的问题比较多,比较容易出现在报价、商务和技术各个方面,需要高度重视并尽力杜绝。

1. 报价文件问题

报价文件中容易出现的废标问题主要包括以下两点。

- 报价超出项目预算:如果招标文件中给出了明确的项目最高预算,那么项目报价不能超出预算价格,往往一个小数点打错位置就很容易在报价

第9章 如何做好投标支持工作

上出现问题。

- 报价明显低于成本价：是否低于成本价，作为软件项目很难有一个明确的界定。但是有些地方的招标文件中会明确规定，如果低于项目预算的50%，则会被视作明显低于成本价。

2. 商务文件问题

商务文件中容易出现的废标问题主要包括以下几点。

- 投标函中的投标有效期不符合要求，一般要求为90天，少于规定时间为无效投标。
- 财务审计报告不符合要求（没有按照要求提供相关内容），或银行资信证明不是针对本项目开具。由税务师事务所出具的企业所得税汇算清缴审核报告不能等同于财务审计报告。
- 没有提供税收或社保缴纳记录证明材料，或缴纳记录不符合要求。如要求提供三个月的缴纳记录，只提供了一个月。
- 法定代表人或授权代表没有提供身份证明，或身份证明过期。
- 法定代表人授权书没有按要求签字、盖章。
- 缺少合格投标人资质要求中提到的相关资质文件，或者提供的资质文件不在有效期内。
- 资格证明文件不符合要求，如招标文件要求计算机信息系统集成资质为二级，但是只提供了三级资质。
- 涉及使用第三方软件和硬件的，没有提供招标文件要求的第三方厂商的授权书和售后服务承诺函。
- 签字页有遗漏，特别是法定代表人授权书没有签字；盖章页有遗漏，或应该盖公司公章而盖了公司投标专用章等。
- 政府采购项目，没有提供无重大违法记录声明，以及其他要求的声明和承诺等。
- 政府采购项目，没有提供"信用中国"网站（http://www.creditchina.gov.cn/)中未被列入"失信被执行人、重大税收违法案件当事人名单、政府采购严重违法失信行为记录名单"的证明材料。
- 提供了虚假商务资料。

3. 技术文件问题

技术文件中容易出现的废标问题主要包括以下几点。

- 标"★"的内容没有响应,或很难在投标文件中找到。
- 重要功能需求没有实质响应或响应过于简单。
- 项目工期不符合要求,超出招标文件中的工期计划。
- 人员安排不符合要求,人员安排数量不够或者人员资质达不到要求。
- 免费售后服务期限不符合要求。
- 方案中出现其他公司、其他项目名称信息等。

9.7 做好讲标工作

有些招标项目,在招标文件中会明确提出递交标书之后还要讲标,并规定讲标时间,这就需要售前工程师提前做好准备。

9.7.1 做好准备工作

首先,售前工程师要精心制作讲标PPT。讲标PPT是对投标文件的总结,要根据招标文件中规定的讲标时间,提炼标书中的重要内容进行讲解。讲标PPT应包含以下内容。

- 对项目需求的理解

提炼项目招标文件中的技术需求,对需求进行分析、概括和总结,篇幅不宜过长。

- 投标厂商提出的建设方案

这是讲标PPT中的重点,根据对需求的理解,编写建设方案。一般来说讲标时间都不会太长,所以不应做详细的功能介绍,避免点对点应答功能需求。主要内容应包括总体架构、基础产品选型、产品的特点和优势、其他相关建设方案内容(如历史数据迁移方案、系统安全设计方案等)。

- 项目实施和服务

内容应包括项目实施方法理论知识、项目进度安排、人员安排及相关资质、培训计划和售后服务内容等。

- 公司介绍和成功案例

简要介绍公司的基本情况,如公司成立时间、人员规模、主要商务资质等;成功案例可以放一些和本项目类似的案例,如客户级别、项目金额、建设需求类似的案例。如果没有类似的案例,也可以放一些和行业相关的案例。

第9章 如何做好投标支持工作

- 投标厂商在本项目中的优势

在投标文件最后用 1～2 页 PPT,总结投标厂商在本项目中的优势,优势点不需要提炼太多,3～5 个点足矣,可以包括产品优势、案例优势、服务优势等内容,加深评标专家对投标厂商的了解和认识。

其次,如果还需要演示系统,应提前调试好演示系统,避免在讲标现场出现问题。如果演示系统部署在远程服务器上,需要提前准备好上网环境,因为一般的讲标室都不能连接互联网。在演示系统之前,要保持电脑桌面整洁,关闭电脑上的无关应用。

再次,根据讲标的时间要求,在公司内部做好演练准备。同时,提前预设好评标专家可能会问到的问题,并做好准备工作。

最后,在讲解的过程中,要注意观察评标专家的表情、态度和反应,及时调整讲解的内容及重点,并和每位专家进行眼神交流或肢体互动。

9.7.2 讲标注意事项

在讲标过程中,售前工程师除了自己讲解,还需要回答评标专家提问。如何在较短的时间内充分展现投标厂商的实力,这考验售前工程师的演讲、沟通能力。讲标过程中需要注意以下事项。

- 注意着装

有些售前工程师不太注重着装,可能一直习惯穿休闲装,给人的感觉比较随意。在重要项目的投标现场,应穿正装出席。特别在面对保险、银行等金融行业客户时,更应该穿正装。如果公司有统一定制的服饰,参加投标人员应该统一着装,佩戴公司标志(如工牌等),首先给评标专家留下职业化的好印象。

- 控制好讲标时间

很多项目的招标文件都会明确规定讲标时间,以 20 分钟时间居多,少的还有 10 分钟,多的一般也不超过 30 分钟,给售前的感觉就是时间太短了。其实也能理解,每个投标项目,最少三家厂商参加,多的有七八家,即使每个厂商讲解 20 分钟,专家再提问 10 分钟左右,总体时间就比较长了,所以招标代理机构需要严格控制每个投标厂商的讲标时间。笔者经历过很多次投标,虽然招标文件中明确规定讲标时间为 20 分钟,但是进了讲标室,专家可能只允许有 10 分钟甚至 5 分钟的讲解时间,有的甚至连打开电脑连接投影仪的时间都不允许,直接进行口述。

这就对售前工程师讲标提出了严格的时间要求。由招标代理机构或企业内部采购部门组织的招标项目,一般都会严格计时,到了规定的时间,如果还没有讲完,会被无情地打断。假如准备的内容,特别是比较重要的内容没有讲出来,就非常可惜了。但是,也不能因为害怕没有讲完被打断而早早结束讲解,导致讲解的内容没有重点,或者很多内容还没有讲出来。以20分钟的讲标时间为例,讲到18~19分钟时结束比较好,这样可以让评标专家觉得你比较守时,展现出了专业的讲解能力和时间掌控能力。

所以,要控制好讲标时间,一定要提前做好演练工作,不打无准备之仗。

- 回答好评标专家提问

在讲解完PPT后,评标专家还会就某些问题提问。常见的问题包括系统的某些功能实现方式、项目人员安排、项目质量保障、售后服务措施等。在回答问题时,售前工程师应如实回答,可以适当地夸大,但切忌夸夸其谈,不懂装懂,不切实际地乱承诺。很多评标专家往往是本行业、本领域的专业人士,具有丰富的经验,所以一般很难"忽悠"他们。当然,答疑过程中,难免碰到故意刁难、提一些刁钻古怪问题的专家,售前工程师仍然要尊重专家,针对问题给予回复,一定不要在评标现场和专家正面冲突、争吵,因为这些都有可能影响评标结果,要竭力避免。

- 一些可供借鉴的实用经验

这里列出一些可供借鉴的实用经验,供大家参考。

> PPT是投标文件的精简版,因为讲标时间限制,很多没有讲解到的内容,都已包含在投标文件中,所以售前工程师要非常熟悉投标文件的结构和内容。如果有专家问到某些问题,可以告知专家在投标文件中的哪个地方找到答案。

> 对于专家的刁钻提问以及不好回答的问题,可以适当地夸赞专家提出的问题,然后真诚地表示自己没有考虑到,或者确实还不太熟悉,这样可以化解一些尴尬。

> 如果产品缺少某些功能或某些功能还比较薄弱而被专家质疑时,可以表示出针对项目需求,公司将安排人员对功能进行完善或开发新功能的决心,让专家和客户放心。

> 如果投标厂商因没有类似案例而导致专家担心公司能力和经验时,

第9章 如何做好投标支持工作

可以表示出希望借助此项目进入某个行业,并且一定会安排骨干人员参与项目,让专家感受到公司十足的诚意。
- 不要轻易攻击竞争对手或说竞争对手的不足,因为可能有些专家对竞争对手有好感,去攻击竞争对手容易引起专家的反感而刻意打压己方公司。
- 最后记得对专家表示感谢。不管这次项目结果如何,今后在其他项目中可能会再次碰上这些专家,先给专家们留个好印象。

第 10 章
从售前工程师到咨询顾问

本书前部分内容都是围绕如何当好一名售前工程师展开的。售前工程师的职责是：根据项目需求（客户方），按照公司安排（销售方）做好相关售前支持工作。可以说，这是一种被动式的服务工作。它的工作流程是：首先是客户有项目需求，然后销售人员获取了项目商机，接下来售前工程师跟进。自始至终，售前工程师都围绕着销售、客户提供支持，很少提供主动服务。

而咨询顾问是一种主动式服务。根据百度百科的解释，咨询顾问泛指有某方面的专业知识、在某件事情上的认知达到专家程度的人。他们受客户委托，一般就某个项目展开工作，通过详细的调研和论证，提出切合客户实际需求的方案。这个过程中，咨询顾问是以工程咨询公司专家的身份为客户编写项目可行性研究报告或项目建议书。

从售前工程师到咨询顾问，不只是称呼的变化，而是对人员本身的能力提出了很高的要求。咨询顾问需要熟悉国家、地方、行业政策文件，了解行业发展情况，具有前瞻性，编写的方案既能满足长远规划要求，也能满足当前需要。售前工程师应该凭借专业的工作经验，将身份从售前工程师转变为咨询顾问，把被动式响应项目支持转变为主动式项目咨询规划服务，从而提高自身价值。

10.1 咨询顾问需要具备的技能

除了售前工程师应掌握的必备技能外，咨询顾问必须具备更专业的知识水平、更深厚的技术功底、更丰富的项目实践经验、更优秀的口头表达和沟通能力，以及更扎实的需求分析和问题判断能力。除此之外，咨询顾问还需要洞察行业，熟悉国家政策和行业相关要求，以此作为项目建设的支撑

第10章 从售前工程师到咨询顾问

依据。

10.2 什么是项目建议书

项目建议书,又称项目立项申请书或立项申请报告,是由项目筹建单位或项目法人根据国民经济发展、国家和地方中长期规划、产业政策、生产力布局、国内外市场、所在地的内外部条件,就某一具体新建、扩建项目提出的项目建议文件,是对拟建项目提出的框架性的总体设想。项目建议书要从宏观上论述项目设立的必要性和可能性,把项目投资的设想变为概略的投资建议。

项目建议书是由项目投资方向其主管部门上报的文件,目前广泛应用于项目的国家立项审批工作中。项目建议书的呈报可以供项目审批机关作出初步决策,它可以减少项目选择的盲目性,为下一步可行性研究打下基础。

一份完整的项目建议书,涉及的内容比较多,需要从项目建设背景和必要性、项目需求、详细建设方案、实施方案及保障措施、项目投资概算、风险及效益分析等方面展开详细论述,并辅之以项目建设单位概况、与项目相关的政策文件等内容介绍,让项目的决策部门可以在对项目建议书中的内容进行综合评估后,做出对项目批准与否的决定。

10.3 电子政务类项目政策要求

根据国家发展和改革委员会关于《国家电子政务工程建设项目管理暂行办法》(发改委55号令)的要求:"第六条 项目建设单位应依据中央和国务院的有关文件规定和国家电子政务建设规划,研究提出电子政务项目的立项申请。""第七条 电子政务项目原则上包括以下审批环节:项目建议书、可行性研究报告、初步设计方案和投资概算。对总投资在3000万元以下及特殊情况的,可简化为审批项目可行性研究报告(代项目建议书)、初步设计方案和投资概算。"很多电子政务类建设项目,如果涉及金额较大,则需要委托具有相关资质、专业的工程咨询公司编制项目可行性研究报告或项目建议书。

项目可行性研究报告(代项目建议书)是咨询顾问编写最多的文档类型。参与编制的咨询顾问,尽管是在编写项目方案,但一般需要具备专业资质,如注册咨询师、信息系统项目管理师等资质,并且要严格按照固定格式的模板文件编写项目方案,从技术、经济等角度,支持项目获得审批通过。

目前,国家层面有隶属于国资委的中国国际工程咨询公司,各省市也有隶属于当地发改委的工程咨询公司。如北京市工程咨询公司是北京市发改委直属的事业单位,通过其网站可以了解到,其服务业务有一项为信息化规划,描述内容为:信息化规划咨询是在理解组织发展现状基础上,提出切合实际的信息化建设远景、目标和战略以及相应信息系统的架构设计、组织和实施策略,包括信息化发展规划、信息化项目建设储备规划、信息化专项规划及信息化顶层设计等。除此之外,还有一批具有工程咨询资质的科研院所和企事业单位,也可以提供政府信息化建设项目的咨询、规划等服务。

接下来笔者将以政府信息化类项目建议书为例进行介绍。

10.4 如何编写项目建议书

在编写项目建议书前,咨询顾问需要对项目情况进行充分调研。说到需求调研,可能是项目人员在项目实施过程中必不可少的工作内容。但这是指项目合同签订之后、项目人员开始正式开发实施之前所做的工作,而咨询顾问在项目前期进行需求调研,可以为编写项目建议书打下坚实基础。

10.4.1 组成项目小组

编写项目建议书是一项对需求理解深、技术要求高、综合难度大的工作,仅靠一名咨询顾问很难完成。因此,在组织编写项目建议书前,应成立项目小组,由项目建设方、咨询公司和第三方公司的人员共同参与,密切配合,完成编写项目建议书的工作。

项目建议书编写以咨询顾问为主,负责项目建议书的总体结构设计、内容统筹和编写、相关协调等工作。项目建设方配合咨询顾问,提供相关资料,包括项目建设单位概况、系统现状、政策文件资料等。同时,在编写过程中,有些项目还会涉及采购第三方成熟的基础软硬件产品,需要第三方公司提供产品说明资料、性能参数和报价等。

第10章 从售前工程师到咨询顾问

10.4.2 做好需求调研

做好需求调研是写好项目建议书的前提和重要保证。不管是新建项目,还是升级改造项目,项目建设单位的相关职能部门和业务人员都会提出具体的想法,只有清楚了解了真实需求,编写出来的项目建议书才更有针对性,有助于项目尽快通过审批。

咨询顾问在初步了解系统情况后,为了更好地了解掌握具体业务人员的详细需求,应做好需求调研工作,在这里有一些好的方法可以给大家提供借鉴。

1. 问卷调查法

问卷调查法是最常见的需求调研方法。它的使用基础是:问卷设计人员在对系统情况有了初步了解后,针对具体的问题设计选择项,由业务人员进行单项选择或多项选择,而尽量减少填写项。这样可以节省调查人员的时间,并收集到较为准确的信息。

问卷调查法一般适用于面向大多数人使用的通用性系统功能调研。

2. 面对面访谈法

面对面访谈法是要求调研人员和业务人员进行面对面交流,通过提问方式直接了解业务人员的想法。访谈,就是研究性交谈,是以口头形式,根据被询问者的答复搜集客观的、不带偏见的事实材料,以准确地说明样本所要代表的总体的一种方式。尤其在研究比较复杂的问题时,需要向不同类型的人了解不同类型的材料。在访谈过程中,基本形式是一问一答,但是为了更多听取访谈者的想法,可以设计一些发散型问题,而不是让访谈者回答简单的"是"或者"不是"。通过发散型问题,可以收集到更多的需求。

面对面访谈法一般适用于面向领导者收集需求,了解领导对项目建设的想法。

3. 集思广益法

集思广益法也称为头脑风暴法,咨询顾问通过组织召开专题会议的方式,让所有项目参与者畅所欲言、发表自己的想法。作为组织者的咨询顾问,一般不发表意见,但是只要控制好每个发言人员的发言时间,以及提醒发言者不偏离主题。咨询顾问还需要指定发言记录员,认真记录每位发言者的发言,并在会后进行整理。

集思广益法适合于新建类型的项目。由于前期不清楚、不了解具体的项目需求,通过多次碰撞,勾勒出系统的大概原型,便于系统功能设计。

4. 抛砖引玉法

抛砖引玉法是指首先由咨询顾问提出基本的、粗略的想法,再由业务人员详细讨论,在此基础上进一步形成具体的需求。这样做的前提是,咨询顾问对项目的建设需求有了比较成熟的想法,通过抛砖引玉,一是可以证明已有的想法会不会有大的问题和偏差,二是借此可以征集更多的建议,从而丰富需求。

如对于系统的原型设计,采用抛砖引玉法比较好。页面设计采用什么色系、页面的高度和宽度等都没有具体的标准,每人对此都有自己的想法,这样就很难描绘出具体的要求。所以,先由设计师根据自己对项目的理解,设计出一两个页面,再提交给客户讨论,就能收集到详细的改进意见。

5. 考察走访法

考察走访法是咨询顾问和项目建设方人员到同行业单位去实地考察、了解已建成的同类项目的情况,从而为己方项目建设提供参考。通过这种方式了解到的项目需求具有很强的参考性和借鉴性,再结合己方的实际情况,可得到切实可行的需求。

10.4.3 编写项目建议书

在详细了解项目需求后,咨询顾问开始组织编写项目建议书,需要做好以下工作。

(1)熟悉项目建议书模板。尽管项目建议书的格式规范和内容都差不多,但是不同地方、不同行业、不同单位都有具体的项目建议书模板,所以首先需要熟悉模板结构。

(2)按照项目建议书模板,确定分工,由不同的人员编写相关内容。涉及需要第三方公司提供的资料,需要提前准备好。

(3)组织相关人员编写内容,按照已确定的分工,明确提交的时间节点,分别完成编写相关内容。

(4)由咨询顾问整合各章节内容,形成完整的项目建议书,并添加相关

第10章 从售前工程师到咨询顾问

辅助内容,提交审核。

(5)根据专家审核意见,组织对项目建议书进行修改完善,最后确保项目顺利通过审核。

10.5 项目建议书的主要内容

一份完整的项目建议书,涉及的内容比较多,需要从项目建设背景和必要性、项目建设技术方案、项目进度计划、项目投资概算、风险及效益分析等方面展开详细论述,并辅之以项目建设单位概况、与项目相关的政策文件等内容介绍,让项目的决策部门可以在对项目建议书中的内容进行综合评估后,做出是否批准项目的决定。

虽然各地区、各行业、各单位对项目建议书的格式规范都有不同的要求,但主要章节应包含以下内容。

第1章 项目概述

对项目的总体情况做简要介绍。主要内容应包括:

1. 项目名称

列出项目名称。

2. 项目建设单位、项目责任人和联系人

列出项目建设单位名称、项目责任人名称和联系人名称。

3. 项目建议书编制单位

列出项目建议书编制单位名称。

4. 项目建议书编制依据

描述项目建议书编制参考的政策文件和标准规范。

5. 项目概况

描述项目建设的基本情况,包括项目建设目标、建设内容、建设范围、建设周期等内容。

6. 主要结论和建议

提出项目建设可行的初步结论,以及后续工作的建议。

第2章 项目建设单位概况

对项目建设单位的基本情况进行介绍。主要内容应包括：

1. 项目建设单位情况介绍

介绍项目建设单位的简介、主要职能。

2. 项目建设单位组织架构与职能

介绍项目建设单位的组织架构与对应职能。

3. 项目实施机构与职责

介绍负责本项目具体实施的机构与职能。

第3章 项目建设的必要性

这是比较重要的章节内容，是决定项目能否顺利立项的关键。主要内容应包括：

1. 项目提出的背景和依据

描述和项目相关的政策文件、其他类似项目建设经验等内容。

2. 现有信息系统应用状况

从网络、基础软硬件（包括基础软件、服务器、安全设施等设备）、应用系统（是新建还是升级改造）等方面，描述现有信息系统的应用现状。其中应用系统现状应作为重点描述，应重点说明现有系统采用的技术路线和系统架构，在软件环境、硬件配置、数据库、数据存储系统的技术和容量、网络及安全等方面的设计能力和实际配置，系统部署示意图，安全体系建设等内容。

3. 信息系统装备和应用目前存在的主要问题和差距

如果是新建项目，应说明与新建项目相关的业务系统情况，包括实现方式、工作效率、需要解决的问题等。

如果是升级改造项目，应说明原系统哪些功能和性能不能满足业务发展方面需求，需要进行功能完善和扩展；原系统存在哪些较大缺陷，需要进行完善或进行技术架构改造等；和其他先进系统相比存在的差距等。

4. 项目建设的意义和必要性

根据具体的项目，简明扼要列出几个要点，说明项目建设的意义和必要性，得出项目可行的结论。

5. 项目建设的可行性

从政策保障、组织保障、人员保障、技术和资源保障、运营保障等角度出

第10章 从售前工程师到咨询顾问

发,提出项目建设的可行性,保证项目的建设和运营能持续进行。

第4章 项目需求分析

对项目的需求进行详细分析,一般应包含用户对象分析、业务需求分析、功能需求分析、非功能性需求分析、数据需求分析和安全需求分析等内容。

1. 用户对象分析

对使用本项目的用户对象和服务的用户对象进行分析,并说明每类用户在业务流程中所对应的角色、权限等需求。

2. 业务需求分析

在充分梳理、优化业务流程的基础上,详细描述项目拟建设系统所支撑的业务需求,包括业务模式、业务规模等内容。

3. 功能需求分析

这是本章最重要的内容,根据业务需求,分析项目中拟建设系统的各项功能需求。

4. 非功能性需求分析

主要描述系统的性能需求,以及其他非功能层面的需求,如历史数据是否迁移、设备是否利旧等。

5. 数据需求分析

分析项目中会产生哪些数据,这些数据的存储形式、容量大小等需求。

6. 安全需求分析

分析政策法规对安全的要求、系统安全风险,说明系统主要安全需求,以及系统在安全等级保护方面的需求等。

7. 信息量分析与预测

对整个项目产生的信息量进行分析与预测,对数据库配置、存储容量配置等提出需求。

第5章 总体建设方案

对项目的总体建设原则、建设目标、建设内容、总体架构等进行描述。

1. 建设原则

说明系统设计、建设时,所应遵循的原则,如易用性、可扩展性、安全性、

如何成为**优秀**的IT售前工程师

充分利用现有资源等。

2. 建设目标

一般包括业务目标与技术目标。业务目标突出项目建设在流程规范、管理效率提升等方面实现的效果，技术目标突出项目建设在软件、硬件、安全、运营等方面实现的效果。

3. 总体建设任务与分期建设内容

列出项目的总体建设内容，如应用软件开发、基础软硬件设备采购、机房建设、安全测试等。

如果项目建设涉及的内容较多，需要分期实施，在概括总体建设任务的基础上，应详细列出分期建设的内容，并重点描述本期建设内容。

4. 总体设计方案

列出项目采用的技术路线、总体系统架构、总体网络结构、总体接口设计等内容，并说明该项目与本部门、本单位信息化总体框架的关系，或与相关系统之间的关系。

第6章 项目建设方案（本期）

这是项目建议书中最主要的内容。如果项目是分期建设，只编写本期建设内容的方案。

1. 信息资源规划和数据库建设

明确项目建成后，能够形成哪些信息资源，并说明可向其他部门和单位内部提供共享的资源以及共享的方式、途径等。

如果涉及部门内部信息资源的整合，应明确数据整合方案，方案主要包括拟整合的系统名称、拟整合的信息资源内容、实现的技术方案等内容。

2. 应用支撑平台建设

应用支撑平台建设，主要是基于市场上成熟的软件产品搭建系统运行的基础环境，描述应用支撑平台实现的基本功能。

3. 应用系统建设

根据项目需求分析和建设内容，制定应用系统开发的解决方案，设计应用软件系统的各项功能，需要详细描述各子系统的每一项功能设计方案。

如果项目中涉及的应用子系统较多，为了便于查看和阅读，建议把每个子系统分章进行编写。

第10章 从售前工程师到咨询顾问

4. 网络系统建设

按照相关的标准、规范和要求,设计网络系统的整体结构。

5. 数据存储备份系统建设

根据需要存储备份数据的容量、增量、保存时间和数据操作方式等,编写数据存储备份系统的解决方案。主要内容包括存储容量估算、存储设备选择、数据备份策略、是否异地备份等。

6. 安全系统建设

需要根据现有安全体系现状、需求、风险评估要点、信息安全等级保护和安全目标等因素,按照物理安全、网络安全、主机系统安全、应用安全和数据安全等不同层面,提出信息安全体系建设或加固方案,并说明系统安全等级定级。此外,还应该明确说明安全测评计划。

7. 主要软硬件选型原则和软硬件配置清单

描述主要设备,如操作系统、数据库、应用中间件、其他支撑软件以及服务器、交换机、存储设备等系统基础软硬件的关键技术指标以及选型依据。

需要注意的是,电子政务类项目,优先选择、使用国产品牌。

8. 机房及配套工程建设

需要自建机房的,应根据机房建设的相关标准和规范,设计机房建设方案,包括网络接入、消防、空调、门禁、UPS、监控等,提供各类设备的选型依据以及技术指标。

需要托管在第三方机房的,应说明托管机房环境的各项指标,以及带宽、托管费用等。

9. 其他系统建设

需要补充描述的其他内容。

第7章 环保、消防、职业安全、职业卫生和节能

本章属于辅助说明的内容。应用系统开发类项目,除非有硬件设备采购,一般不涉及环保、消防、安全、卫生等方面的问题。

1. 环境影响和环保措施

说明项目在建设过程中及建成使用后,不会产生废气、生活污水、固体废弃物、噪声和施工期间的扬尘等污染。

2. 消防措施

描述项目建成后,系统运行所处环境的消防措施,一般指机房具备国家有关消防的规范和规定。

3. 职业安全和卫生措施

描述项目建设严格按照国家有关规定,充分考虑职业安全和相关卫生措施。

4. 节能目标和措施

描述项目在节能方面遵循的设计规范,说明项目能耗的主要设备以及所采取的节能措施,如优先采购节能目录列表中的设备等。

第8章 项目组织机构和实施进度计划

主要包括项目组织实施机构和人员安排,实施进度计划安排及相关保障措施等内容。

1. 项目领导、实施和组织管理

通过图表方式,列出项目实施的组织结构,包括甲方人员、乙方人员以及丙方(监理方)人员等。

2. 人员配置

说明项目实施的人员安排,包括人员岗位、人员基本工作情况、以往工作经历以及相关资质证书等。

3. 人员培训方案

包括培训目的、培训对象、培训计划安排、培训教材等内容。

4. 项目实施进度

采用表格的方式,列出项目实施的粗略进度计划,包括各项任务计划的开始时间、结束时间、历时时间等。

第9章 投资估算和资金筹措

1. 投资估算编制说明

说明投资估算所包含的内容,明确项目集成费、监理费、测评费等费用的核算标准等。

2. 项目估算编制依据

说明项目估算编制所参考的政策文件等依据。

第10章 从售前工程师到咨询顾问

3. 项目总投资估算

以表格的方式，列出项目的总投资，应包括主要分项内容。

4. 投资估算分项说明

对项目总投资估算表中的各分项内容，进行详细说明，包括软件费用、硬件费用、集成费用、其他费用等，各分项内容总价应等于总投资估算。

投资估算分项说明也可以以附表的形式展现。

5. 资金来源与落实情况

说明项目的资金来源，是自筹资金还是申请财政预算等。

第10章 效益与风险分析

1. 项目的经济效益和社会效益分析

对项目建成后产生的经济效益和社会效益进行分析。

2. 项目风险与应对措施

描述项目可能存在的风险，以及针对各项风险提出的应对措施。风险一般包括政策风险、组织风险、技术风险、资金风险等宏观方面的风险。

附件

列出项目建议书编制依据及与项目有关的政策、技术、经济资料，涉及的政策文件应详细标注发文单位、文件名称以及文号等。

第 11 章 如何做好项目交接工作

在职责分工明确的 IT 公司,项目招投标工作结束后,不管项目是否中标,售前工程师的工作内容到此就基本结束了。如果项目没有中标,一切工作都自然结束,售前工程师投入到其他项目支持工作中去;如果项目中标,为了保证项目后续实施工作进展顺利,售前、实施环节不脱节,售前工程师还需要和其他人员做好项目交接工作。

项目交接工作中,涉及的人员主要包括销售人员和项目经理。

11.1 与销售人员交接

售前工程师与销售人员交接的主要工作内容为协助销售人员编制合同技术附件。

销售人员通常负责编写合同正文内容,但是对于一些比较复杂的项目,或者客户对合同要求比较高的项目,往往还需要编制若干附件作为合同正文的附加内容,来明确项目建设需求等指标,并以此作为项目验收的参考依据。这些工作可能就需要售前工程师协助销售人员完成了。具体需要编制哪些合同附件,要根据项目情况或是客户要求,以投标方案为基础进行编写。

合同附件一般包括以下几类。

- 项目需求方案

用于描述项目建设的详细需求。以技术功能类需求为主,可作为项目后续验收的参考依据。有的开发类项目需求比较复杂,为了保证甲乙双方对需求理解的一致性,可以通过原型图进行展示说明。

第11章 如何做好项目交接工作

- 安全设计方案

根据客户对项目安全的要求,提供针对性的安全设计方案。特别是如果系统有明确的等级保护要求,要从等级保护的不同维度进行描述。

- 项目验收方案

包括项目验收条件、验收时间、验收流程、验收内容、验收结果、验收提交物等内容。

- 系统部署方案

说明系统的部署情况,以及相应的网络设备、安全设备、服务器配置参数等。

- 组织实施方案

包括项目进度计划安排、项目组织机构、项目管理和沟通计划、项目人员安排及人员资历等。

- 培训和服务方案

包括项目培训计划和售后服务内容。

项目培训包括培训目标、培训计划、培训课程、培训教师安排等。

售后服务包括服务承诺、服务方式、服务内容、应急管理预案、服务人员安排等。

11.2 与项目经理交接

与项目经理交接的主要工作内容包括以下几点。

- 客户信息沟通

项目的现状、前期开展情况、现有基础软硬件情况等信息,以及客户方项目负责人、项目参与人等,这些信息会对项目经理顺利开展项目实施带来很大的帮助,售前工程师需要和项目经理多沟通。

有些公司会提供标准的项目交接文档,售前工程师按文档要求填写即可。如果没有标准交接文档,为避免项目信息在沟通过程中失真,以及便于存档与查阅,建议售前工程师编制、填写项目交接单。表11-1所示为项目交接单示例模板。

表 11-1 项目交接单示例模板

售前工程师项目交接单

客户概况			
客户名称		所属行业	
项目名称			
项目负责人		所属部门	
职务		联系方式	
项目联系人		所属部门	
职务		联系方式	
客户方重要人员			
姓名1		部门及职务	
姓名2		部门及职务	
姓名3		部门及职务	
项目现状			
基础软硬件情况 （分别描述基础软件、硬件设备、网络设备、安全设备等情况）			
应用系统情况 （分别描述开发语言、使用人员、系统性能、存在的问题等情况）			
项目建设需求			
项目主要需求 （应包括功能需求、项目进度要求、质量要求、服务要求等，如果内容较多，可以附件形式详细描述）			
客户重点需求和特殊要求			
涉及公司主要产品			
交接文档			
文档名称1		文档名称2	
文档名称3		文档名称4	
交接时间：		交接人签字：	

· 192 ·

第11章 如何做好项目交接工作

- 项目文档交接

将项目支持过程中产生的重要文档交接给项目经理,包括项目建设方案、项目招标文件、项目投标方案等。

- 客户的重点需求

将前期交流过程中客户关注的重点需求和特殊需求,以及已告知客户的解决方法及时告知项目经理,让其提前做好准备。

- 参加项目启动会

因为项目支持前期,售前工程师和客户交流比较多,比较了解客户情况,所以如果有必要,售前工程师应和项目经理一起参加项目启动会。这样会让客户感觉项目前后有连贯性,也能帮助项目经理尽快熟悉了解项目情况。

第 12 章
售前支持工作中的常见问题

售前支持工作中,特别是在和客户交流时,会遇到客户提出的各种问题,若能较好解决这些问题,会充分体现售前工程师的工作价值,提高客户的认可度,并为项目后续的顺利开展打下坚实基础。

本章根据作者多年的实际工作经验,总结出一些售前支持工作中的常见问题,为售前初学者提供帮助。

1. 如何找准自己的定位?

答:我认为售前工程师有两个基本定位。对内,售前工程师应该比销售人员更懂技术,比技术人员更懂客户需求,是需求和技术之间的沟通桥梁;对外,售前工程师要和销售人员密切配合,把公司产品、解决方案、成功案例等介绍给客户,并且通过自身工作经验、优秀的表达能力等技巧,让客户认可公司的实力,在技术交流层面争取一次搞定客户,实现售前工程师的价值。售前工程师只有清楚了自己的定位,在和不同的人员沟通交流时,才能找准自己的位置。

2. 如何做好交流准备?

答:每一次和客户交流,都是展示售前工程师价值的机会,也是展示公司综合实力的机会。因此,售前工程师需要提前做好以下各项准备。

- 编写交流材料:给客户提供针对性的交流材料,并熟悉需要讲解的内容。
- 测试演示系统:如果客户需要了解公司产品,要提前进行测试以防演示时出现问题。
- 熟悉同类案例:当客户提出某个功能应如何实现时,同类案例中已经实现的方法是最好的说明。

第12章　售前支持工作中的常见问题

- 准备好纸和笔：随时记录客户提出的问题，让客户感觉他们的问题很受重视。
- 正式交流前关闭一切和交流无关的应用：如 QQ、微信、下载软件、杀毒工具等，以防弹出窗口影响交流。

3. 如何回答自己不会的问题？

答：这是在售前支持过程中经常碰到的问题。虽然一个好售前懂的知识很多，但是难免碰到自己不会的问题。很多人之所以认为售前是"大忽悠"，就是因为有很多售前碰到不会的问题时，不懂装懂，一些新售前表现得尤为明显。根据我个人的经验，有时碰到自己不会，甚至没听说过的问题，不妨直接告诉客户：这个问题不太懂，回去之后了解清楚再答复客户。售前工程师不要怕出丑，有时候坦诚一些，客户反倒觉得你实事求是。当然，也有一些通用性的回答技巧，如客户问到业务系统如何和其他系统进行对接时，可以回答通过 Web Service 方式来实现，这个基本算是通用的标准答案了。

4. 如何做好产品演示？

答：产品演示是售前支持工作中的重要内容。软件产品出现问题的不可预测性较多，因此在拜访客户前一定要确保演示系统的可用性。我个人的做法是：如果第二天上午去见客户，前一天晚上登录系统进行测试；如果下午见客户，则上午登录系统进行测试。这样做一是确认系统是否会出现问题，另外可以加深对系统功能的了解。针对系统演示，一定要提前设计好演示脚本，包括演示时间、讲解顺序、需要演示的功能点、准备好的基础素材等，这样才不会临场慌乱。在产品演示的过程中，切记不能照本宣科只讲产品的功能，而是要找到客户的"痛点"、结合客户的需求进行讲解，这样才能体现出产品功能的优势和价值。

5. 如何制作精美的 PPT？

答：制作精美的 PPT 对于售前工程师很重要。业界有个不成文的说法，叫作"能讲的＞会做 PPT 的＞会写 Word 方案的"，可以看出 PPT 的重要性了。当然，要做好 PPT 并不是短时间就能学会的，需要长时间沉淀和积累。有以下几种方法供售前初学者快速学习如何制作精美的 PPT。

首先，要找好 PPT 模板。现在有很多网站可以下载设计非常精美的

PPT模板，不需要自己设计，在前面的章节中已经做过介绍。

其次，PPT内容中多使用图标。可以到专业网站下载矢量图标，通过图标加文字进行内容展示，效果更好。

再次，注意制作PPT的几个原则。如尽量少用大段的文字；突出显示重要的数字和关键词；注重内容排版；适量添加动画等。

最后，设置PPT播放时的切换效果，应避免所有的页面都采用同一种形式进行切换。

另外，制作大型会议上使用的讲解PPT有几个问题需要特别注意。

（1）大型会议上，一般主席台中间有巨型屏幕，是会场观众的聚焦所在，所以PPT的背景色一般应选择深色，如蓝色或黑色，蓝底白字或黄字、黑底白字或黄字的展现效果都比较好。由于场地较大，所以字号应比平常的字号大。

（2）因为后排的观众不容易看清巨型屏幕底部的内容，所以内容不宜放置在PPT页面太靠近底部的位置，以方便后排观众观看。

6. 如何提高PPT演讲技能？

答：很多售前能写出质量不错的文档，但是不敢面对客户进行交流，或者交流时效果不好，有种"茶壶煮饺子——有货倒不出"的感觉，所以提高PPT演讲技能就变得非常重要。网上有很多关于如何提高演讲能力的技巧，都值得学习，单从提高售前人员PPT讲解技能的角度来说，我认为需要注意以下几点。

（1）熟悉需要讲解的每一页PPT的内容，以及上下页的相关顺序和内容。

（2）讲解过程中要有重点和主次，避免一个声调和语速从头讲到尾，否则讲解的人会感觉辛苦，听讲的人会觉得乏味。

（3）要结合客户的业务需求和场景进行讲解，避免单纯为了介绍某个功能点而进行讲解。涉及重点内容时，要适当停顿，并和客户进行互动。

（4）讲完一个章节的内容时，要对本章讲的内容进行简短总结，并预告下一章要讲解的内容，做到承上启下。

（5）合理分配讲解时间，控制讲解节奏，不能对某一页PPT内容讲的时间太长，而某一页PPT又讲的时间太短，更要避免不重要的内容讲得太多，重要的内容没有时间讲。

第12章 售前支持工作中的常见问题

（6）为了加深对每一页PPT内容的理解，初学者在制作PPT时可以对PPT的内容添加备注。在播放PPT时选择"使用演示者视图"，演示者视图中就可以在放映的同时显示PPT的备注内容，从而辅助自己讲解。但是对于有经验的售前工程师，不建议使用这种方式。

（7）如果有时间和条件，初学者可以邀请同事模拟客户场景，反复进行讲解演练，从而逐步提升演讲技能。

7. 技术交流时讲解多长时间？

答：可以说这个问题经常会碰到，没有固定的答案。拜访客户时，开场之前不妨先问问客户本次交流的时长，如果客户没有明确的时间要求，一般建议45分钟左右。因为正常情况下，听讲者注意力集中的时长在1个小时以内。如果交流的时间超过1个小时，容易让客户注意力不集中；如果时间过短，可能很多重要内容还没有讲出来，或者讲得不透彻，交流效果会打折扣。所以为了保证交流效果，如果客户没有特别的时间要求，建议售前工程师将讲解时间控制在45分钟以内，然后进入交流讨论。至于交流讨论时间的长短，一般没有严格的限制，和客户聊得好，交流1~2个小时都有可能，甚至在项目初期客户需求并不明确的情况下，我更希望和客户交流的时间长一些。

8. 如何应对客户的"刁难"？

答：和客户交流过程中，碰到客户的"刁难"是很常见的，特别是当己方公司的产品不如竞争对手的产品或客户正在使用的产品时。当客户提出一些比较尖锐的问题时，处理得不好，场面往往比较尴尬。我的经验是，切忌和客户在现场直接"抬杠"，要学会使用一些技巧化解尴尬。如可以适时夸赞客户提的某个问题比较好；可以赞美竞争对手的产品或客户正在使用的产品比较好（从侧面说明客户有眼光）；也可以说我们现在的产品没有考虑到这一点，可以通过二次开发实现，或者会在后续的产品升级中加上相关功能等。这样，客户一般不好意思再继续"刁难"下去，尴尬也就化解了。

9. 如何和竞争对手进行比较？

答：当客户要求对己方公司和其他公司产品进行比较时，切记不要直接诋毁竞争对手，不要评价竞争对手产品的不足和缺点，这样很容易让客户反感，特别是如果客户很认可竞争对手的产品时。一般在这种情况下，只需要尽量描述己方公司产品的特色功能、特点和优势,而不去说竞争对手产品的缺点,避免直接进行比较。因为所谓特色功能,是其他厂商的产品所不具备的功能,而特点和优势则可以理解为比其他厂商的产品更强的功能,意思表达得很清楚,也没有直接诋毁竞争对手。新飞冰箱原来的广告语"广告做得好,不如新飞冰箱好",后来改成"新飞广告做得好,不如新飞冰箱好"就是这个道理。

10. 如何和销售人员做好配合?

答:售前工程师的日常工作中,和销售人员的配合是最多的,两者一起拜访客户,双方配合很重要。作为售前人员,以技术交流为主,主要讲解公司产品和技术方案,若涉及报价问题,则应主要由销售人员回答。如果销售人员积极主动回答技术问题,售前不能轻易打断对方说话,不能轻易拆对方的台,即使销售人员有说错的内容,也不要在客户现场直接否定对方,避免自相矛盾,可以在后面的交流中委婉地补充说明。碰上对方不能回答的问题,配合默契的销售和售前,一个小动作,一个眼神就能自然将问题转接过来。

11. 如何做好销售眼中的"好售前"?

答:说实话,要做好销售眼中的"好售前"其实挺难的。作为公司内和销售人员配合最多的一个岗位,好的售前对于销售人员搞定项目至关重要,所以销售对售前提出高要求也是可以理解的。综合看来,要做好销售眼中的"好售前",需要做到以下几点。

(1) 和销售人员相互配合、相互理解,尽力做好自己的本职工作。

(2) 能做技术交流,能演示产品,能编写方案,能研究前瞻技术,能投标讲标,脾气性格还要好。

(3) 和销售人员一起"冲锋陷阵",一起"背锅","胜则举杯相庆,败则拼死相救"。

(4) 及时响应销售人员需求,快速、高效交付有质量的项目方案。

(5) 做事有责任心、有担当,有主动服务意识和对项目的高度敏感性。

(6) 关键时候能撑得住场,不被客户牵着走,而让客户跟着自己的想法走。

(7) 比销售更懂技术,比技术更懂商务,比客户更懂业务需求,不会轻易被客户的问题难住。

第12章 售前支持工作中的常见问题

(8) 项目成功了,多提及销售的贡献,少提或不提自己的付出。

12. 如何提高方案编写效率和质量?

答:首先,要按照制定的文档编写规范编写文档,这样在各文档之间拷贝、粘贴内容时,不会造成格式混乱,避免花费大量时间去重新调整格式。

其次,对于日常使用的商务资质文件,形成电子化资料库,方便随时取用。这些文件包括公司基本商务资质(如统一社会信用代码证、ISO 9001 证书等)、人员资质、案例合同,以及每个月动态更新的社保缴纳记录、税收缴纳记录凭证等电子文件。

再次,熟悉各种类型的项目文档编写思路和文档结构,这样在编写时就不会对客户需要的文档要求产生理解上的偏差。

最后,熟练使用常用的文档编写工具,特别是掌握一些工具软件快捷键(如 Ctrl+S、Ctrl+C、Ctrl+V 等),能大大提高工作效率,节省工作时间。

13. 如何广泛学习新知识?

答:一个好的售前需要掌握的知识很多,用"上知天文,下知地理"来描述一点也不为过,而如何广泛学习新知识呢?我曾经要求我部门的售前同事,不管是上下班途中,还是中午休息,每天至少花费 1 小时访问主流新闻媒体网站,了解最新的热点新闻、重大事件,广泛涉猎各方面的知识,包括但不限于时政、经济、体育、社会、娱乐等新闻内容,即使有些内容自己不感兴趣,也要强迫自己去学习,相信坚持一段时间,一定能取得明显效果。很多女同事,可能对时政新闻不太感兴趣,但是如果从事电子政务类项目的售前支持工作,关注时政新闻是必不可少的,需要经常访问政府部门网站,如中央政府网(http://www.gov.cn)。再如我自己,一直对股票业务不懂,也没炒过股,但股市在高点或低点时,是很多人谈论的热点话题,所以在 2014 年 8 月,我专门去证券公司开户,买点股票培养自己对股市的关注,了解经济行业知识。

14. 如何做好讲标工作?

答:一般来说,招标文件中都会对现场讲标提出严格的要求,包括讲标时间、讲标内容等。所以,一定要重视讲标工作,在规定的时间内将重点内容讲述出来。

我认为以下三点需要特别注意。

（1）严格控制好讲标时间。如果是政府采购类项目，招标代理机构的工作人员会严格计时，超过规定的时间会被无情打断，不允许继续讲下去。所以，如果规定讲标时间为 20 分钟，一般讲到 18～19 分钟比较合适，如何精确控制时间就需要多加练习了。

（2）在有限的讲标时间内，讲解重点内容。如果招标文件中对讲标提出了具体的要求，那么按照要求进行讲解；如果没有提出具体要求，建议按照评分标准进行讲解。投标文件一般都比较厚，如果目录结构不清晰或者有些内容在目录中隐藏得太深，评标专家很难在很短的时间内通过标书找到评分点，而通过讲标可以帮助专家快速找到评分点。

（3）在讲标之前，除了打开 PPT 文件，同时也打开投标技术方案文件。当专家关注的某个评分点如果在讲标中没有提及，可以通过投标技术方案告知专家在方案中的某一章节或某一页查看，而不是临时打开方案文件。要知道，如果临时打开一个几十兆或者上百兆的文件，是需要花费一些时间的，而时间在讲标现场是非常宝贵的。

15．如何回答专家提问？

答：讲标现场，很难预知专家会提出什么问题，所以也就很难提前做好针对性的预案。根据我多年的工作经验，因为项目本身涉及的技术、功能通常比较专业、比较细致，专家一般问得比较少。系统安全、项目实施、人员安排、质量保障、售后服务等问题，具有很强的通用性，经常是专家的"出题点"，所以可以提前适当做些准备。

回答专家提问时，个人认为有几点经验可以借鉴。

（1）在专家提出问题后，不管问题简单还是复杂，都不要急于回答，应稍做思考后再回答，让专家感觉是经过认真考虑后给出的答案。

（2）关注专家提问的原因是什么，这一点很重要，这需要根据现场情况进行洞察。只有想清楚了专家提问的原因，才能给出专家满意的答案。

（3）注意一些回答问题的技巧。如当专家提出非常规问题时，要适时肯定专家的提问很好；再如当你要通过几点来回答问题，但又不能明确具体有几个点时，不要说出具体的数字而是说"几点"，然后再说第一点、第二点。此外，回答问题时声音要洪亮，表示自己很自信，语速尽量慢一些，表示自己很稳重，同时也可以减少专家提问的时间。

（4）切忌和专家抬杠、纠缠，反驳专家的观点。曾经碰到过有些很有经

第12章 售前支持工作中的常见问题

验的技术型售前觉得专家的提问和项目不相干,或者专家给出的答案不正确,当场和专家进行争论,这是很不专业的表现。在投标现场,一定要尊重专家,毕竟他们是现场打分评标,能影响厂商中标或者不中标。

第 13 章
售前工程师还要了解最新技术和发展趋势

IT 行业是一个技术集中度高、知识更新快、新技术层出不穷的行业。作为一名售前工程师,除了了解基本知识,掌握基本技能(详见《第 2 章 售前工程师必备技能》)外,还需要对行业最新技术和发展趋势保持高度的敏锐性,要及时主动学习新知识,并且在和客户交流、解决方案编写过程中,加入这些内容,以保证方案的前瞻性和领先性。

IT 行业新技术和发展趋势很多,无法一一进行详细描述。现从社会层面所引起的广泛关注度和行业深入应用角度出发,简单介绍最近几年出现的新技术和发展趋势。

13.1 转变政府服务职能的"互联网＋政务服务"

13.1.1 "互联网＋"的提出

"互联网＋"是个热门词汇,"互联网＋旅游""互联网＋教育""互联网＋医疗""互联网＋工商""互联网＋农业""互联网＋交通""互联网＋城管"……出现了一大堆和"互联网＋"相关的行业和应用。甚至马路边卖烤地瓜的小摊贩都说自己也是"互联网＋",因为买烤地瓜也可以直接微信支付了。

国内"互联网＋"理念的提出,最早可以追溯到 2012 年 11 月,易观国际董事长于扬在易观"第五届移动互联网博览会"的发言。他认为,未来"互联网＋"公式应该是我们所在的行业的产品和服务,在与我们未来看到的多屏全网跨平台用户场景结合之后产生的这样一种化学公式。按照这样一个思路,可以找到若干这样的想法。

第13章 售前工程师还要了解最新技术和发展趋势

2015年3月5日,在十二届全国人大三次会议上,国务院总理李克强在政府工作报告中首次提出"互联网+"行动计划。李克强在政府工作报告中提出,制定"互联网+"行动计划,推动移动互联网、云计算、大数据、物联网等与现代制造业结合,促进电子商务、工业互联网和互联网金融健康发展,引导互联网企业拓展国际市场。这应该是政府工作报告中第一次正式提出"互联网+"。2015年7月4日,经李克强总理签批,国务院印发《关于积极推进"互联网+"行动的指导意见》。之后,各级政府迅速行动起来,借助信息技术,推动互联网由消费领域向生产领域拓展,加速提升产业发展水平,增强各行业创新能力,构筑经济社会发展新优势和新动能。

所谓"互联网+",是指以互联网特别是移动互联网为主的一整套信息技术在经济社会各部门领域扩散与应用、不断释放数据流动性的过程。"互联网+"实际上是创新2.0(信息时代、知识社会的创新形态)下的互联网发展新形态、新业态。也就是说,"互联网+"通过互联网技术在各个产业内部及产业间的运用,借助云计算、大数据、物联网等配套技术的嵌入,在行业间产生反馈、互动与协调,最终出现大量化学反应式的融合与创新。

13.1.2 "互联网+政务服务"

"互联网+"涉及很多行业和应用,但最重要的无疑是"互联网+政务服务"了。各级政府部门的"互联网+"应用,都可以看作是"互联网+政务服务"的组成部分。

2016年3月5日,在十二届全国人大四次会议上,国务院总理李克强在政府工作报告中提出:大力推进"互联网+政务服务",实现部门间数据共享,让居民和企业少跑腿、好办事、不添堵。简除烦苛,禁察非法,使人民群众有更平等的机会和更大的创造空间。

在"互联网+政务服务"提出之前,无论是互联网+,还是政务服务,对大多数行业从业人员而言都不陌生。但是把这两个词合在一起,可能很多人就有些糊涂了。难道以前各级政府的网上行政审批系统,不是借助互联网技术实现的政务服务吗?这话既对,也不对。早期的网上行政审批系统,主要是结合行政服务大厅,通过PC电脑联网,以法人事项在线办理为主的一种服务方式。而随着移动互联网技术的发展和智能终端的普及,越来越多的普通公众不仅仅满足于通过PC电脑上网,手机网站、手机APP、微信等移动方式已经成为很多人的首选。另外,在"大众创业、万众创新"的环境下,公众也越来越希望通过互联网络办理更多的个人事情。

所以,在今天看来,"互联网+政务服务"的核心应该是:借助网络、移动互联网技术,实现政务服务信息的汇聚发布与展示、政务服务事项的一体化办理,并充分实现政府部门之间信息资源共享、政府工作人员与公众之间的互动交流,体现了简政放权中放管结合的理念,让政府的服务职能得到提高。

《关于加快推进"互联网+政务服务"工作的指导意见》(国发〔2016〕55号),对加快推进"互联网+政务服务"工作做出总体部署,明确提出:2017年底前,各省(区、市)人民政府、国务院有关部门建成一体化网上政务服务平台,全面公开政务服务事项,政务服务标准化、网络化水平显著提升。2020年底前,实现互联网与政务服务深度融合,建成覆盖全国的整体联动、部门协同、省级统筹、一网办理的"互联网+政务服务"体系,大幅提升政务服务智慧化水平,让政府服务更聪明,让企业和群众办事更方便、更快捷、更有效率。

2017年1月,国务院办公厅印发了《"互联网+政务服务"技术体系建设指南》(简称"建设指南"),建设指南中提出:通过加强顶层设计,对各地区各部门网上政务服务平台建设进行规范,优化政务服务流程,推动构建统一、规范、多级联动的全国一体化"互联网+政务服务"技术和服务体系。

具体包括以下内容。

1. "互联网+政务服务"的功能定位

通过阅读建设指南,"互联网+政务服务"的功能定位可以概括为六个统一,即:

- 统一注册登录

实现对个人用户和企业用户的统一注册、身份验证、登录、管理。

- 统一事项发布

实现事项清单标准化、办事指南规范化、审查工作细则化、事项管理动态化。

- 统一申请办理

实现网上申请、网上预约、全程办理等功能。

- 统一检索查询

第13章　售前工程师还要了解最新技术和发展趋势

包括事项信息查询、办理过程信息查询等功能。
- 统一互动交流

实现包括在线咨询、留言投诉、智能客服、常见问题等在内的互动功能。
- 统一服务评价

包括星级评价、绩效考核、监督监察等功能。

2. "互联网＋政务服务"平台的组成

"互联网＋政务服务"平台主要由四部分组成。
- 政务服务门户

这是"互联网＋政务服务"的统一入口，主要实现用户注册与登录、事项发布与展示、事项办理、在线咨询、评价等功能。
- 政府服务管理平台

这是"互联网＋政务服务"的后台支撑，实现政务服务事项管理、政务服务运行管理、电子监察管理、电子证照管理、网上支付等功能。
- 业务办理系统

实现网上预约、网上预审、在线填报等功能，并和政府各部门已有的业务系统进行对接。
- 数据交换平台

这是能否实现事项全程办理的重要一环。建立统一的数据交换平台，实现和人口库、法人库、地理空间库等基础信息库以及电子证照库、投资项目库等数据库的互联互通，信息共享。

"互联网＋政务服务"平台技术架构图如图 13-1 所示。

3. 政务服务门户的建设内容

政务服务门户的建设内容，概况一下可以总结为五个字，即：看、查、办、问、评。

看：了解政府许可类和服务类事项，按照部门、服务事项等方式进行导航，包括详细的办事指南、办事流程等内容。

查：公众可以通过互联网查找行政许可类事项信息以及公共服务类事项信息、查询事项办理进展。

办：即在线办理事项，包括网上全流程办理、不见面审批、网上预约办理等方式。

问：建立政府部门和公众之间的沟通桥梁，通过留言咨询、智能问答等方式进行沟通交流。

评：包括公众对事项办理情况进行在线评价，以及第三方评估机构对政务服务情况进行测评。

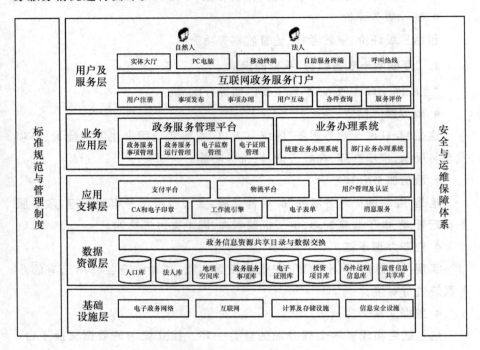

图 13-1 "互联网＋政务服务"平台技术架构图

13.1.3 建成效果

目前，包括浙江省、江苏省、贵州省、山东省等在内的省级政府，都已经建成了覆盖全省的政务服务网，大大提高了政府部门的办事效率，提升了政府服务的满意度。

其中，浙江省提出了"最多跑一次"，旨在实现群众和企业到政府办事，在申请材料齐全、符合法定要求时，能够少跑、跑一次甚至不跑，实现一次性办成事。表面上看只是减少群众和企业办事的次数，实质上是倒逼各级各部门减权、放权、治权，从服务、政策、制度、环境多方面优化政府供给，集中力量把该管的事管好、该服务的服务到位，是"放管服"改革的浙江"升级版"，是供给侧结构性改革的有效制度供给。

第13章　售前工程师还要了解最新技术和发展趋势

江苏省提出了"不见面审批",老百姓即使远隔千里,只要有互联网,都可以通过网络轻轻松松把要办的事情办好,再也不用舟车劳顿,千里迢迢地来回奔波,这样的服务措施,从根本上解决了群众的办事难。

浙江省的"最多跑一次"改革和江苏省的"不见面审批"服务,在2017年国务院第四次大督查中作为被发现的典型经验做法,受到国务院办公厅通报表扬。

13.2　蓬勃发展的人工智能(AI)

人工智能,英文名称为Artificial Intelligence,简称AI,可以说是当前最热门的一个词语。它是研究、开发用于模拟、延伸和扩展人的智能的理论、方法、技术及应用系统的一门新的技术科学。

2017年7月5日,一条关于人工智能的新闻在业界引起了轩然大波。搜索引擎巨头、百度公司董事长兼首席执行官李彦宏通过视频直播展示了一段自己乘坐公司研发的无人驾驶汽车的情景。视频中,李彦宏坐在一辆红色汽车的副驾驶座位上,而驾驶座位没有驾驶员。该视频随后被得到证实。

2017年12月,人工智能入选"2017年度中国媒体十大流行语"。

13.2.1　人工智能的定义

1956年,在美国的达特茅斯会议上,四位图灵奖获得者与多名学者共同确立了"人工智能"的概念,机器人能像人那样认知、思考和学习,即用计算机模拟人的智能。

什么是"人工智能"?业界比较一致的定义是:按人类认知、思考和学习的思维模式的计算机程序,使机器既能按照人的指令工作,又能胜任和完成个人或专业团队不可能完成的工作。

人工智能是计算机科学的一个分支,它企图了解智能的实质,并生产出一种新的能以人类智能相似的方式做出反应的智能机器,该领域的研究包括机器人、语言识别、图像识别、自然语言处理和专家系统等。20世纪70年代以来,人工智能被称为世界三大尖端技术之一(空间技术、能源技术、人工智能),也被认为是21世纪三大尖端技术(基因工程、纳米科学、人工智能)之一。这是因为近三十年来它发展迅速,在很多学科领域都获得了广泛应用,并取得了丰硕的成果。人工智能已逐步成为一个独立的分支,无论在理论和实践上都已自成系统。

人工智能的定义可以分为两部分,即"人工"和"智能"。"人工"比较好理解,争议也不大;但关于什么是"智能",就涉及其他诸如意识(Consciousness)、自我(Self)、思维(Mind)(包括无意识的思维(Unconscious-Mind))等问题。人唯一了解的智能是人本身的智能,这是普遍认同的观点。但是对我们自身智能的理解非常有限,对构成人的智能的必要元素也了解有限,所以很难定义什么是"人工"制造的"智能"。因此,人工智能的研究往往涉及对人的智能本身的研究。

综合起来,人工智能是研究使计算机来模拟人的某些思维过程和智能行为(如学习、推理、思考、规划等)的学科,主要包括计算机实现智能的原理、制造类似于人脑智能的计算机,使计算机能实现更高层次的应用。

13.2.2 核心技术

人工智能涉及的领域很广,涉及的内容和技术也很多。业界公认自然语言处理、机器学习、语音识别、计算机视觉和机器人是人工智能的五大核心技术,它们均会成为独立的子产业。

1. 自然语言处理(NLP)

自然语言处理是指计算机拥有的人类般的文本处理能力。如从文本中提取意义,甚至从可读的、风格自然、语法正确的文本中自主解读出含义。一个自然语言处理系统并不了解人类处理文本的方式,但是它却可以用非常复杂与成熟的手段巧妙处理文本。又如,自动识别一份文档中所有被提及的人与地点;识别文档的核心议题;在一堆仅人类可读的合同中,将各种条款与条件提取出来并制作成表。以上这些任务通过传统的文本处理软件根本不可能完成,后者仅针对简单的文本匹配与模式就能进行操作。

自然语言处理像计算机视觉技术一样,将各种有助于实现目标的多种技术进行融合。建立语言模型来预测语言表达的概率分布,举例来说,就是某一串给定字符或单词表达某一特定语义的最大可能性。选定的特征可以和文中的某些元素结合来识别一段文字,通过识别这些元素可以把某类文字同其他文字区别开来,如垃圾邮件和正常邮件,以机器学习为驱动的分类

第13章 售前工程师还要了解最新技术和发展趋势

方法将成为筛选的标准,用来判断一封邮件是否属于垃圾邮件。

2. 机器学习

机器学习有以下几种定义:"机器学习是一门人工智能的科学,该领域的主要研究对象是人工智能,特别是如何在经验学习中改善具体算法的性能。""机器学习是对能通过经验自动改进的计算机算法的研究。""机器学习是用数据或以往的经验,以此优化计算机程序的性能标准。"

机器学习指的是计算机系统无须遵照显式的程序指令,而只依靠数据来提升自身性能的能力。其核心在于,机器学习是从数据中自动发现模式,模式一旦被发现便可用于预测。如给予机器学习系统一个关于交易时间、商家、地点、价格及交易是否正当等信用卡交易信息的数据库,系统就会学习到可用来预测信用卡欺诈的模式。处理的交易数据越多,预测就会越准确。

3. 语音识别

语音识别是指让机器通过识别和理解过程把语音信号转变为相应的文本或命令的高技术,主要是关注自动且准确地转录人类的语音技术。该技术必须面对一些与自然语言处理类似的问题,在不同口音的处理、背景噪声、区分同音异形/异义词方面存在一些困难,同时还需要具有跟上正常语速的工作速度。语音识别系统使用一些与自然语言处理系统相同的技术,再辅以其他技术,如描述声音和其出现在特定序列与语言中概率的声学模型等。语音识别的主要应用包括医疗听写、语音书写、电脑系统声控、电话客服等。

语音识别方法主要是模式匹配法。在训练阶段,用户将词汇表中的每一个词依次说一遍,并且将其特征矢量作为模板存入模板库。在识别阶段,将输入语音的特征矢量依次与模板库中的每个模板进行相似度比较,将相似度最高者作为识别结果输出。

4. 计算机视觉

计算机视觉是指计算机从图像中识别出物体、场景和活动的能力。计算机视觉技术运用由图像处理操作及其他技术所组成的序列,来将图像分析任务分解为便于管理的小块任务。如一些技术能够从图像中检测到物体的边缘及纹理,分类技术可被用作确定识别到的特征是否能够代表系统已知的一类物体。

计算机视觉有着广泛的应用,其中包括:通过人脸识别,可以在银行自助机上办理银行卡;机场安检通过身份信息和人脸比对,乘机者可以不用打印登机牌通过安检;医疗成像分析被用来提高疾病预测、诊断和治疗;在安防及监控领域被用来摸排、指认嫌疑人;在购物方面,消费者可以用智能手机拍摄下产品获得更多购买选择。

5. 机器人

机器人是指硬件设备,将机器视觉、自动规划等认知技术整合到体积小却高性能的传感器、制动器以及设计巧妙的硬件中,辅助以预先设计好的软件系统,研制出新一代机器人。机器人的诞生,可以替代很多重复性的人工工作,节省日益增长人力成本,提高工作效率。目前,各种各样的机器人已经广泛应用于车间流水线、餐厅配送、家庭服务等众多领域,除了完成零件装配等重要工作,还能陪小朋友互动聊天,充分解放人类的劳动生产力。

13.2.3 人工智能在中国的发展

2017年7月,国务院印发了《新一代人工智能发展规划》(简称"规划")。规划对战略目标、重点任务、资源配置、保障措施等都提出了具体的要求。工业和信息化部为贯彻落实规划内容,深入实施"中国制造2025",制定了《促进新一代人工智能产业发展三年行动计划(2018—2020)》(简称"计划")。计划对人工智能的行动目标提出了以下四项重点任务。

(1)人工智能重点产品规模化发展,智能网联汽车技术水平大幅提升,智能服务机器人实现规模化应用,智能无人机等产品具有较强全球竞争力,医疗影像辅助诊断系统等扩大临床应用,视频图像识别、智能语音、智能翻译等产品达到国际先进水平。

(2)人工智能整体核心基础能力显著增强,智能传感器技术产品实现突破,设计、代工、封测技术达到国际水平,神经网络芯片实现量产并在重点领域实现规模化应用,开源开发平台初步具备支撑产业快速发展的能力。

(3)智能制造深化发展,复杂环境识别、新型人机交互等人工智能技术在关键技术装备中加快集成应用,智能化生产、大规模个性化定制、预测性维护等新模式的应用水平明显提升。重点工业领域智能化水平显著提高。

(4)人工智能产业支撑体系基本建立,具备一定规模的高质量标注数据

第13章　售前工程师还要了解最新技术和发展趋势

资源库、标准测试数据集建成并开放,人工智能标准体系、测试评估体系及安全保障体系框架初步建立,智能化网络基础设施体系逐步形成,产业发展环境更加完善。

① 智能网联汽车。建立可靠、安全、实时性强的智能网联汽车智能化平台,形成平台相关标准,支撑高度自动驾驶。

② 智能服务机器人。能家庭服务机器人、智能公共服务机器人实现批量生产及应用,医疗康复、助老助残、消防救灾等机器人实现样机生产。

③ 智能无人机。智能消费级无人机三轴机械增稳云台精度达到0.005度,实现360度全向感知避障,实现自动智能强制避让航空管制区域。

④ 医疗影像辅助诊断系统。国内先进的多模态医学影像辅助诊断系统对以上典型疾病的检出率超过95%,假阴性率低于1%,假阳性率低于5%。

⑤ 视频图像身份识别系统。复杂动态场景下人脸识别有效检出率超过97%,正确识别率超过90%,支持不同地域人脸特征识别。

⑥ 智能语音交互系统。实现多场景下中文语音识别平均准确率达到96%,5米远场识别率超过92%,用户对话意图识别准确率超过90%。

⑦ 智能翻译系统。中译英、英译中场景下产品的翻译准确率超过85%,少数民族语言与汉语的智能互译准确率显著提升。

⑧ 智能家居产品。智能家居产品类别明显丰富,智能电视市场渗透率达到90%以上,安防产品智能化水平显著提升。

13.3　被誉为重新定义世界的区块链

区块链(Blockchain)技术被认为是继蒸汽机、电力、互联网之后,下一代颠覆性的核心技术。如果说蒸汽机释放了人们的生产力,电力解决了人们基本的生活需求,互联网彻底改变了信息传递的方式,那么区块链作为构造信任的机器,将可能彻底改变整个人类社会价值传递的方式。

13.3.1　什么是区块链

区块链是分布式数据存储、点对点传输、共识机制、加密算法等计算机技术的新型应用模式。所谓共识机制是区块链系统中实现不同节点之间建立信任、获取权益的数学算法。

区块链是比特币（Bitcoin）的一个重要概念，它本质上是一个去中心化的数据库，同时作为比特币的底层技术。区块链是一串使用密码学方法相关联产生的数据块，每一个数据块中包含了一次比特币网络交易的信息，用于验证其信息的有效性（防伪）和生成下一个区块。

13.3.2 区块链的由来

1991年，由Stuart Haber和W. Scott Stornetta第一次提出关于区块的加密保护链产品，随后分别由Ross J. Anderson与Bruce Schneier和John Kelsey在1996年和1998年发表。与此同时，Nick Szabo在1998年进行了电子货币分散化的机制研究，他称此为比特金。2000年，Stefan Konst发表了加密保护链的统一理论，并提出了一整套实施方案。

大部分观点认为，区块链技术是中本聪发明，从比特币开始的。2008年，中本聪第一次提出了区块链的概念，在随后的几年中，成了电子货币比特币的核心组成部分：作为所有交易的公共账簿。通过利用点对点网络和分布式时间戳服务器，区块链数据库能够进行自主管理，为比特币而发明的区块链使它成为第一个解决重复消费问题的数字货币。

区块链格式作为一种使数据库安全而不需要行政机构授信的解决方案首先被应用于比特币。2008年10月，在中本聪的原始论文中，"区块"和"链"这两个字是被分开使用的，而在被广泛使用时被合称为区块-链。到2016年才被变成一个词："区块链"。2014年8月，比特币的区块链文件大小达到了20千兆字节。

13.3.3 区块链的核心技术

区块链主要解决的是交易的信任和安全问题，因此针对这个问题提出了四个技术创新。

1. 分布式账本

分布式账本是指交易记账由分布在不同地方的多个节点共同完成，而且每一个节点记录的都是完整的账目，因此它们都可以参与监督交易合法性，同时也可以共同为其作证。不同于传统的中心化记账方案，没有任何一个节点可以单独记录账目，从而避免了单一记账人被控制或者被贿赂而记

第13章 售前工程师还要了解最新技术和发展趋势

假账的可能性。另一方面,由于记账节点足够多,理论上来说,除非所有的节点被破坏,否则账目就不会丢失,从而保证了账目数据的安全性。

2. 非对称加密和授权技术

存储在区块链上的各类交易信息都是公开的,但是账户身份信息是高度加密的,只有在数据拥有者授权的情况下才能访问到,从而保证了数据的安全和个人的隐私。

3. 共识机制

所有记账节点之间怎么达成共识,去认定一个记录的有效性,这既是认定的手段,也是防止篡改的手段。区块链提出了四种不同的共识机制,适用于不同的应用场景,在效率和安全性之间取得平衡。以比特币为例,采用的是工作量证明,只有在控制了全网超过51%的记账节点的情况下,才有可能伪造出一条不存在的记录。当加入区块链的节点足够多的时候,这基本上不可能,从而杜绝了造假的可能。

4. 智能合约

智能合约是基于这些可信的不可篡改的数据,可以自动化地执行一些预先定义好的规则和条款。以保险为例,如果说每个人的信息(包括医疗信息和风险发生的信息)都是真实可信的,那就很容易在一些标准化的保险产品中,去进行自动化的理赔,而自动化理赔是很多保险公司特别是人身险公司在积极探索、践行的一种新的应用。

13.3.4 区块链的特征

区块链具有以下特征。

1. 去中心化

由于使用分布式核算和存储,不存在中心化的硬件或管理机构,任意节点的权利和义务都是均等的,系统中的数据块由整个系统中具有维护功能的节点共同维护。得益于区块链的去中心化特征,比特币也拥有这一特征,在火币网联合清华大学五道口金融学院互联网金融实验室、新浪科技发布的《2014~2016全球比特币发展研究报告》中就有详细报告。

2. 开放性

系统是开放的,除了交易各方的私有信息被加密外,区块链的数据对所有人公开,任何人都可以通过公开的接口查询区块链数据和开发相关应用,因此整个系统信息高度透明。

3. 自治性

区块链采用基于协商一致的规范和协议(如一套公开透明的算法)使得整个系统中的所有节点能够在去信任的环境自由安全的交换数据,使得交易由对"人"的信任变成了对机器的信任,任何人为的干预不起作用。

4. 信息不可篡改

信息一旦经过验证并添加至区块链,就会永久存储,除非能够同时控制住系统中超过51%的节点,否则单个节点上对数据库的修改是无效的,因此区块链的数据稳定性和可靠性极高。

5. 匿名性

由于节点之间的交换遵循固定的算法,其数据交互是无须信任的(区块链中的程序规则会自行判断活动是否有效),因此交易对手无须通过公开身份的方式让对方自己产生信任,对信用的累积非常有帮助。

13.3.5 区块链的应用前景

毫无疑问,比特币是区块链的第一个应用,正是有了比特币,才有了今天的区块链。区块链是比特币的底层技术,它像一个数据库账本,记载所有的交易记录,本质上是一个去中心化的数据库。这项技术也因其安全、便捷的特性逐渐得到金融业的广泛关注。2017年以来,区块链概念火遍中国,出租车司机都知道它是互联网经济新风口,炒股的大爷大妈也知道跟风区块链概念股。

因为区块链具有去中心化、无须中心信任、不可篡改和加密安全等特点,正在走进政府决策、金融机构、大型企业的视野,并应用于数字货币、支付清算、信贷融资、金融交易等应用。很多传统企业,也都提出了区块链的概念。在国内众多上市公司中,涉及区块链概念股的有34家,其中12家所属行业为计算机应用及设备、4家为互联网传媒、剩下的分属种植业、造纸、房地产、化学制品等多个行业,可见区块链的火爆程度。

国金证券计算机行业首席分析师钱路丰表示,虽然区块链的应用方式有很多,但目前最为典型的应用场景有三类。

第13章 售前工程师还要了解最新技术和发展趋势

1. 虚拟币交易

典型的如比特币、以太币等。正是因为有了比特币和各种币形成的财富效应,区块链技术得以更快、更广泛的引起人们的关注、认识,也客观上推动了实际应用的发展。

2. 传统金融领域

如区块链技术联盟 R3、Hyperledger 等,汇聚了高盛、中国平安、汇丰、IBM 等机构,致力于金融领域的跨境支付、金融票据管理等应用场景。

2018年8月10日,在国家税务总局副局长任荣发、深圳市副市长艾学峰、国家税务总局深圳市税务局局长张国钧等嘉宾的共同见证下,国贸旋转餐厅开出了全国第一张区块链电子发票。采用区块链电子发票,经营者可以在区块链上实现发票申领、开具、查验、入账,消费者可以实现链上储存、流转、报销,完全无纸化。

3. 非金融领域

如在能源、商品流通、电信、互联网等领域。据报道,京东等企业正在尝试在农业领域引入区块链技术,实现一头牛从出生到屠宰再到商场上架,每一步数据都上传到区块链,做到可以信赖。如果这一技术最终能实现,市场上销售的真正的阳澄湖大闸蟹就能实现从田间到餐桌全程监控了。

13.4 极具应用价值的大数据

大数据(Big Data),是指无法在一定时间范围内用常规软件工具进行捕捉、管理和处理的数据集合,是需要新处理模式才能具有更强的决策力、洞察发现力和流程优化能力的海量、高增长率和多样化的信息资产。

13.4.1 大数据的由来

大数据的前身可以理解为数据挖掘,最典型的例子莫过于"啤酒和尿布"的故事。20世纪90年代的美国沃尔玛超市中,超市管理人员在分析销售数据时发现了一个有趣的现象:在某些特定情况下,啤酒和尿布这两种看上去毫无关联的商品会经常出现在同一个购物框中。后来,超市管理人员把这两种商品摆放在一起进行销售,大大提高了销售收益。啤酒和尿布,看似风马牛不相及的两种商品,经过数据挖掘分析,被找到了关联性,并且互相带来了销售价值增长。后来,啤酒和尿布的故事被广泛用于数据挖掘的类似场景中。在今天看来,这可以被理解为大数据分析、应用的早期发展阶段。

大数据的概念最早是由维克托·迈尔·舍恩伯格提出来的。他著有《大数据时代》一书,为大数据商业应用第一人,早在 2010 年就发布了长达 14 页对大数据应用的前瞻性研究报告。他在报告中指出,大数据带来的信息风暴正在变革我们的生活、工作和思维,大数据开启了一次重大的时代转型,并用三个部分讲述了大数据时代的思维变革、商业变革和管理变革。他明确指出,大数据时代最大的转变就是,放弃对因果关系的渴求,而取而代之关注相关关系,即只要知道"是什么",不需要知道"为什么"。这颠覆了千百年来人类的思维惯例,对人类的认知和与世界交流的方式提出了全新的挑战。

13.4.2 大数据的定义

维基百科(Wikipedia)将大数据定义为规模庞大、结构复杂、难以通过现有商业工具和技术在可容忍的时间内获取、管理和处理的数据集。

美国国家标准技术研究院(NIST)认为大数据由具有规模巨大(Volume)、数据种类繁多(Variety)、增长速度快(Velocity)和变化多样性(Variability),且需要一个可扩展体系结构来有效存储、处理和分析的广泛的数据集组成。

IBM 在大数据概念提出的早期,也对大数据提出了一个"4V 特性"的定义,和 NIST 的表述有所不同,强调了大数据的数量(Volume)、多样性(Variety)、速度(Velocity)和真实性(Veracity)等方面,后来将数据存在的价值(Value)加进来,形成了大数据的"5V 特性"。

综上所述,所谓大数据,狭义上可以定义为难以用现有的一般技术管理的大量数据的集合。广义上可以定义为包括具备"4V 特性"而难以进行管理的数据,对这些数据进行存储、处理、分析的技术,以及能够通过分析这些数据获得实用意义和观点的人才和组织的综合性概念。

大数据具有的"4V 特性",主要体现在以下方面。

第13章 售前工程师还要了解最新技术和发展趋势

1. Volume(容量)

容量是指大数据的容量规模。在大数据这一概念刚刚提出的时候，普遍认为 PB 级（PB 英文全称为 PetaBytes，是表示较大存储量的计算机存储容量单位。GB 是很多人熟悉的存储容量，如常见的手机存储容量有 32GB、64GB、128GB 等，而 1TB＝1024GB，1PB＝1024TB，比 PB 更大的存储容量单位有 EB、ZB、YB。）的数据量可以称为"大数据"。但是随着互联网产生的信息越来越多，这一判断标准在发生变化，另外，虽然有些数据集没有达到 PB 级，但是在其他特征方面具有很强的大数据集特点。

2. Variety(种类)

种类是指数据类型的多样性。一方面体现在面向一类场景的大数据集可能同时覆盖结构化、半结构化、非结构化的数据；另一方面也体现在同类数据中的结构模式复杂多样。

3. Velocity(速度)

速度是指数据的变化频度。互联网时代，每时每刻都在产生大量数据，因此用于分析的数据集需要持续、快速更新，这体现在大数据集应当具有持续的数据获取和更新能力，不断反应大数据所描述的客观世界信息变化。

4. Value(价值)

价值是指在对大数据进行分析时，无异于"沙里淘金"。通过数据分析，在无序数据中建立关联可以获得大量高价值的、非显而易见的信息，从而具有巨大价值。但是，因为大数据中可能包含大量的"无用数据"，有价值的数据会被淹没在大量的无用数据中，因而有"价值密度低"的说法。

13.4.3 大数据的价值

2015 年 8 月，国务院印发了《促进大数据发展行动纲要》。《纲要》提出未来 5～10 年我国大数据发展和应用应实现的目标，包括 2017 年底前形成跨部门数据资源共享共用格局，以及 2018 年底前建成国家政府数据统一开放平台。而在全球信息化快速发展的大背景下，大数据已成为国家重要的基础性战略资源，正引领新一轮科技创新。大数据的价值主要体现在以下三方面。

1. 运用大数据，推动经济转型发展

以数据流引领技术流、物质流、资金流、人才流，将深刻影响社会分工协作的组织模式,促进生产组织方式的变革和创新。大数据推动社会生产要素的网络化共享、集约化整合、协作化开发和高效化利用,改变了传统的生产方式和经济运行机制,可以显著提升经济运行水平和效率。大数据不断激发商业模式创新,已成为互联网等新兴领域促进业务创新、提升企业核心价值的重要驱动力。综合多家行业研究机构的数据预测,2018年全球大数据市场规模将达到454亿美元,未来五年(2018~2022年)年均复合增长率约为15.37%,市场规模达805亿美元。预计2018年我国大数据市场规模将达到280亿元,未来五年(2018~2022年)年均复合增长率约为27.29%。可以说,大数据产业发展前景非常好。

2. 运用大数据,强化政府服务职能

2017年1月,贵州省成立大数据发展管理局,为省人民政府正厅级直属事业单位,成为全国首个省厅级大数据管理机构。截至目前,已经有广东省、山东省、浙江省、福建省、重庆市、内蒙古自治区等省级政府成立了大数据管理机构。大数据管理机构的成立,通过整合政府网站、政务服务等管理职能,有利于集聚大数据资源、挖掘大数据价值、创新大数据应用,推进政府信息资源整合利用,成为强化政务服务职能的重要抓手。在当前"互联网+政务服务"的建设浪潮下,实现"让数据多跑路,让群众少跑腿",大力提升政府服务职能。2017年4月11日,云上贵州APP平台上线仪式在贵州省公共资源交易中心隆重举行。该平台为创新电子政务发展方式,整合各类政府应用和数据资源,充分发挥"互联网+政务服务"的作用,打造了全省统一的政府服务APP平台。通过统一入口、统一用户认证体系、统一消息推送体系,为老百姓提供涵盖医疗、教育、交通、生活缴费等多领域的一站式便民服务。国务院办公厅委托国家行政学院电子政务研究中心评估发布的《省级政府网上政务服务能力调查评估报告(2018)》显示,贵州省网上政务服务能力排名全国第三。

3. 运用大数据,提升政府治理能力

大数据在国家信息化建设中的作用越来越重要,建立"用数据说话、用数据决策、用数据管理、用数据创新"的管理机制,实现基于数据的科学决策,将推动政府管理理念和社会治理模式进步,加快建设与社会主义市场经济体制和中国特色社会主义事业发展相适应的法治政府、创新政府、廉洁政府和服务型政府,逐步实现政府治理能力现代化。国务院2016年12月印发

第13章 售前工程师还要了解最新技术和发展趋势

的《"十三五"国家信息化规划》中提出:"建立国家治理大数据中心。统筹利用政府和社会数据资源,推动宏观调控决策支持、市场监督管理、社会信用、风险预警大数据应用,建设社会治理和公共服务大数据应用体系。""积极运用大数据分析等技术手段,加强对互联网平台企业、小微企业的随机抽查等事中事后监管,实施企业信用信息依法公示、社会监督和失信联合惩戒。""加强分享经济等新业态信用建设,运用大数据建立以诚信为核心的新型市场监管机制。"

13.5 方兴未艾的云计算

云计算,英文名称为 Cloud Computing,是基于互联网的相关服务的增加、使用和交付模式,通常涉及通过互联网来提供动态易扩展且经常是虚拟化的资源,是继 1980 年代大型计算机到客户端-服务器的大转变之后的又一巨变。

云计算是分布式计算(Distributed Computing)、并行计算(Parallel Computing)、效用计算(Utility Computing)、网络存储(Network Storage Technologies)、虚拟化(Virtualization)、负载均衡(Load Balance)、热备份冗余(High Available)等传统计算机和网络技术发展融合的产物。

13.5.1 云计算出现的背景

通常情况下,一个企业或者政府机构开发一套软件系统,不仅要购买硬件、存储等基础设施,还要购买基础软件的许可证。除此之外,还需要安排专门的 IT 人员进行日常维护。当企业或者政府机构的规模扩大、应用系统越来越多时,还要持续不断升级各种软硬件基础设施以满足应用需要。对于企业或者政府机构来说,计算机等硬件和软件本身并非他们真正需要的,它们仅仅是完成工作、提供效率的工具而已。与此同时,很多硬件资源因为安装的应用系统少、使用人员少,资源没有得到充分使用,造成大量浪费。云计算正是在这一背景下顺势而出。通过资源重新分配,使用者只需要在使用时付出少量的"租金"即可"租用"到这些软件服务,为使用者节省许多购买软硬件的资金。

云计算的最终目标是将计算、服务和应用作为一种公共设施提供给公众,使人们能够像使用水、电、煤气和电话那样使用计算机资源。

13.5.2 云计算特点

云计算平台是用于管理云计算的硬件、软件并向用户提供云计算服务的平台。云计算软件能够将已有的基础设施(包括网络带宽、CPU、存储容量等)通过重新划分来实现用户资源的合理分配,形成一个单独的虚拟主机。不仅如此,云计算软件还可以监控每个虚拟主机,对资源使用情况进行适时监控,保障系统更安全、更稳定。

云计算具有以下特点。

1. 超大规模

"云"具有相当的规模,我们在日常使用 Google、百度搜索信息时,能感觉到搜索速度很快,在于后台的云计算服务器多达上百万台,Amazon、微软、阿里等企业的"云"都拥有几十万台服务器。而大型企业自建的私有云一般拥有数百上千台服务器,"云"能赋予用户前所未有的计算能力。

以阿里云为例,作为阿里巴巴集团旗下云计算品牌,阿里云服务着制造、金融、政务、交通、医疗、电信、能源等众多领域的领军企业,包括中国联通、12306、中石化、中石油、飞利浦、华大基因等大型企业客户,以及微博、知乎等知名互联网公司。在天猫"双11"全球狂欢节、12306春运购票等极富挑战的应用场景中,阿里云保持着良好的运行纪录,成为全球前三大公共云服务提供商。

2. 虚拟化

云计算支持用户在任意位置、使用各种终端获取应用服务。所请求的资源来自"云",而不是固定的有形的实体。应用在"云"中某处运行,但实际上用户无须了解、也不用担心应用运行的具体位置。只需要一台笔记本电脑或者一部手机,就可以通过网络服务来实现我们需要的一切,甚至包括超级计算这样的任务。

3. 高可用性

当运行系统的一个虚拟主机出现故障时,云计算软件可以自动将出现故障的虚拟主机迁移到另一个虚拟主机上,确保应用系统继续正常使用,从而确保应用系统的高可用性。

第13章 售前工程师还要了解最新技术和发展趋势

4. 安全可靠

作为云计算基础设施的虚拟机是完全隔离的,它们各自访问自己的硬盘。在云计算平台的控制面板中还可以给每个用户设置不同的角色,每个角色都可以配置不同的操作权限。

5. 高可扩展性

"云"的规模可以动态伸缩,满足应用和用户规模增长的需要。当有新的应用需要部署时,通过云计算软件可以随时划分出新的空间,供应用系统使用。

13.5.3 云计算的主要服务形式

目前,云计算的主要服务形式有:SaaS(Software as a Service)、PaaS(Platform as a Service)、IaaS(Infrastructure as a Service)。

1. 软件即服务(SaaS)

SaaS服务提供商将应用软件统一部署在自己的服务器上,用户根据需求通过互联网向厂商订购应用软件服务(如电子邮件、CRM、信息搜索等服务),服务提供商根据客户所订购软件的数量、服务时间的长短等因素收费,并且通过浏览器向客户提供软件的使用模式。这种服务模式的优势是,由服务提供商维护和管理软件、提供软件运行的基础软硬件设施,用户只需拥有能够接入互联网的终端,即可随时随地使用软件。

这种模式下,客户不再像传统模式那样花费大量资金在硬件、软件、维护人员上,只需要支付一定的租赁服务费用,通过互联网就可以享受到相应的硬件、软件和维护服务,这是网络应用最具效益的营运模式。对于小型企业来说,SaaS是采用先进技术的最好途径。

2. 平台即服务(PaaS)

PaaS把开发环境作为一种服务来提供。这是一种分布式平台服务,厂商提供开发环境、服务器平台、硬件资源等服务给客户,客户在其平台基础上定制开发自己的应用程序并通过其服务器和互联网传递给其他客户。

PaaS能够给企业或个人提供研发的中间件平台,提供应用程序开发、数据库、应用服务器、试验、托管及应用服务。

3. 基础设施服务(IaaS)

IaaS 即把厂商的由多台服务器组成的"云端"基础设施,作为计量服务提供给客户。它将内存、I/O 设备、存储和计算能力整合成一个虚拟的资源池为客户提供所需要的存储资源和虚拟化服务器等服务。这是一种托管型硬件方式,用户付费使用厂商的硬件设施。

IaaS 的优点是用户只需花费很低的成本,按需租用相应计算能力和存储空间,大大降低了用户在硬件上的开销。早期的很多数据中心,提供服务器租赁的服务其实就是一种 IaaS 服务。

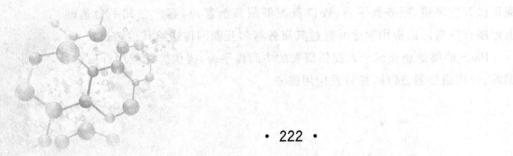

第14章 典型案例分享

本章作者将分享一个典型案例。这个项目是作者作为售前工程师从开始到结束全程参与,通过和销售人员密切配合,最终顺利签订合同的典型项目。该项目的售前支持工作包括客户拜访、项目方案编写、投标方案编写、竞标谈判、项目交接等全部内容。出于保密原因,作者对客户信息和项目基本情况做了简单处理。

14.1 项目背景

2015年4月底的一个下午,作者公司接到C集团公司信息中心的客户打来的电话,咨询该集团关于内网办公平台、外网门户网站、电子商务平台等系统建设方面的问题。C集团是华南地区一家著名的制药企业,已经有几十年生产历史,拥有员工上万人,年营业额近百亿元,在行业内具有很高的知名度。该公司的品牌价值、主营产品的营业收入、利润、税收等指标均稳居我国制药行业前列。能接到这么重要的客户主动打来的电话,公司领导自然非常重视,要求售前支持部门一定要全力支持好该项目,争取最好的结果。

于是,后面的售前支持工作都围绕着这个电话开始有条不紊地展开。

14.2 项目支持过程

项目支持过程包括电话交流、方案编写、客户拜访、竞标谈判、项目交接等内容。

14.2.1 初次电话交流

初次电话是 C 集团信息中心下属技术开发部的 L 姓主任通过搜索引擎查找到我们公司电话并用手机拨打过来的。通过初次电话交流得知,客户需求主要包括以下几点:

(1) 内网办公平台改造建设;
(2) 集团外网门户网站改版建设;
(3) 集团下属 10 个单位网站群建设;
(4) 电子商务平台建设;
(5) 微信公众号建设等。

其中内网办公平台需求比较复杂,涉及办公自动化、内网信息门户、业务系统数据集成、用户单点登录等应用,且日常需要满足上千人的办公需求。外网门户网站改版建设需要更换 C 集团现有网站后台管理系统,以满足集团公司主站和下属单位网站群统一建设和管理,并重新设计网站页面。电子商务平台为新建项目,主要是销售 C 集团生产的非处方药品,可在线购买,也可以洽谈预约。

虽然客户要求的内容比较多,但是从和客户沟通的情况来看,基本都是本公司的主营业务,也是擅长的项目。于是,我很自信地告诉 L 主任,你们的需求我们都可以实现,而且公司有非常成熟的产品,已经在很多大型企业客户那里得到成功应用。得到了客户的初步认可后,L 主任要求我们五一假期之后尽快提交一份项目建设方案以及评估项目预算。

14.2.2 编写项目方案

和 L 主任交流结束后,我安排人员开始编写方案。由于客户没有提出明确、具体的需求,所以一开始是按照通用型的项目方案思路进行编写的。方案内容结构如下。

第 1 章 项目总体建设需求
第 2 章 项目总体设计方案
第 3 章 内网办公平台功能设计
第 4 章 集团外网门户网站功能设计
第 5 章 集团下属单位网站群功能设计

第14章 典型案例分享

第6章 电子商务平台功能设计

第7章 微信公众号功能设计

第8章 历史数据迁移方案

第9章 项目报价预算(详见 Excel 附件)

附:公司基本情况及典型成功案例介绍

其中公司基本情况及典型成功案例介绍这一章内容,是方便客户更详细了解公司情况特意加进去的,一般项目方案不添加这些内容。

我们把项目建设方案第一版发给客户。几天后,L 主任打来电话,告诉我们方案总体上满足他们公司的需求,但在此前的基础上又提出增加新的需求。包括:

(1)增加手机网站建设需求;

(2)增加英文网站建设需求;

(3)增加网站智能搜索建设需求;

(4)增加系统安全设计方案。

同时,又明确了一些更为具体的需求。根据沟通情况,我们及时对方案进行调整,并对客户提出的一些细节问题进行了修改和完善,对报价进行了修改调整。经过调整后,方案结构内容如下。

第1章 项目总体建设需求

第2章 项目总体设计方案

第3章 内网办公平台功能设计

第4章 集团外网门户网站功能设计

第5章 集团下属单位网站群功能设计

第6章 手机网站功能设计

第7章 英文网站功能设计

第8章 电子商务平台功能设计

第9章 微信公众号功能设计

第10章 网站智能搜索系统功能设计

第11章 系统安全设计方案

第12章 历史数据迁移方案

第13章 项目报价预算(详见 Excel 附件)

附:公司基本情况及典型成功案例介绍

方案名称也正式定名为《C集团内外网门户及电子商务平台项目建设方案》。这次方案提交后，客户对方案总体比较认可，其间又通过电话沟通了几次需求和一些功能细节，每次沟通后我们都及时修改完善方案并提交给客户，然后约定时间去客户处进行正式交流。

14.2.3 正式拜访客户

在此之前，虽然通过媒体的报道对C集团已经比较熟悉，但是在编写方案过程中以及和客户正式交流之前，我还是通过C集团官方门户网站，系统地了解了C集团的发展历史、品牌文化、主要产品、科技创新以及C集团总部所在地的人文风情等知识，以便为正式交流打好基础。

2015年5月13日，我和销售人员如约赶赴客户公司所在地，按照本书前述所描述的步骤，我们精心准备了交流的PPT，并调试好演示系统。在客户公司，我们首先在客户的陪同下，参观了生产厂区和企业发展博物馆，了解企业发展情况。然后，我们和信息中心技术开发部的人员进行正式技术交流。我详细讲解了内网办公平台建设方案、集团公司网站和下属单位网站群建设方案、电子商务平台建设方案和微信公众号建设方案，以及我们在企业应用的成功案例，并针对重点功能需求演示了产品，L主任和他的同事比较满意，对我们公司的综合实力和产品很认可。

由于这次交流效果比较好，L主任随即向信息中心主任进行了汇报，并约定时间给集团公司其他相关部门领导进行集中汇报。随后针对PPT的内容进行了讨论，L主任建议对PPT进行调整，可以多介绍业务方面的内容，少讲技术细节，以便更好地给公司领导和非技术人员进行讲解。当天晚上我又对PPT进行了大规模调整，并参考借鉴同行业的优秀网站，补充相关内容，PPT的结构也从以技术介绍为主转向以业务介绍为主，从详细功能介绍为主转向以规划设计为主。PPT主体结构如下。

(1) 公司及成功案例介绍；

(2) 内网办公平台规划；

(3) 集团公司及下属单位外网门户网站规划；

(4) 网站群系统总体功能设计及产品特点；

(5) 电子商务平台功能设计；

(6) 微信公众号功能设计；

第14章 典型案例分享

(7) 项目实施和服务。

一切准备妥当,第二天上午,在信息中心主任的组织下,包括C集团总经办、企业宣传部、市场部、信息中心等部门人员在内,将近20人参加交流。我根据PPT内容进行汇报,重点讲解了针对C集团内网办公平台、集团外网门户网站功能进行的规划设计,电子商务平台、微信公众号的建设和运营推广,以及我公司的产品特点、公司介绍和成功案例等。特别是针对外网门户网站规划,我选取了同行业做得非常好的几个标杆案例作为参考,以此为基础,对C集团外网网站的目标定位、美术设计趋势、网站功能设计、网站栏目结构等提出了详细建议。在讲解的最后,我总结了我公司在本项目中的优势,包括成熟的产品、大量的成功案例、专业的项目团队、丰富的项目实施经验和运维服务经验等,获得了用户的高度认可。随后双方针对项目建设需求、建设周期、项目实施和售后服务等内容进行了详细讨论,客户要求我们根据交流的情况,进一步完善方案,准备参与项目竞标。

本次正式拜访客户,通过两次和不同部门、不同人员的深入交流,从业务理解层面、技术功能层面上都很好地达到了交流目的。虽然我公司介入该项目时间较晚,但是公司的综合实力、成功案例等都获得了客户的肯定,算是一次比较成功的交流。

14.2.4 编写竞标方案

从客户处回来后,我们开始准备编写竞标方案。因为是企业信息化类建设项目,所以客户采用的是内部邀标方式的竞争性谈判。根据竞争性谈判文件要求,我们以前期提交的项目建设方案为基础修改完善技术方案,并增加了商务资质文件,包括资格证明文件、同类项目证明文件等。技术方案中则补充了项目实施和管理、项目人员安排、系统培训、售后技术支持及服务等内容,并根据我公司在网站建设方面的丰富经验,专门规划了C集团外网门户网站的栏目结构,以及精心设计了一套集团公司网站页面,同时增加了网站推广优化的建议方案。销售同事也根据项目建设需求准备了详细的分项报价方案。

竞标方案编写完成后,于5月底打印快递给客户,并等待客户通知,准备参加最后的竞标谈判。

14.2.5 参与竞标谈判

2015年6月22日,我和销售人员再一次赶赴C集团,参加项目的最后谈判。按照竞争性谈判流程,我们先对竞标方案进行阐述。由于讲标时间严格限定为20分钟,而且参与谈判的客户方人员基本上都参与了上次的交流,所以我没有过多的讲解细节内容,而主要是围绕重点内容进行阐述,包括以下内容。

- 我公司对项目的理解;
- 各应用子系统规划设计;
- 主要产品选型及系统总体功能设计;
- 项目进度安排和人员安排;
- 售后服务措施;
- 项目成功因素和需要注意的问题;
- 我公司在本项目中的优势。

重点内容都有提及,但又不面面俱到,不拘泥于细节功能,在20分钟内干净利落地讲完,随后回答客户提出的问题。除了常规问题,我清楚地记得关于售后服务客户非常关注。因为我公司总部在北京,在当地还没有设立分支机构,如何做好售后服务、保障系统稳定运行是客户比较关注的问题。我提出的以下几条应对措施打消了客户的疑虑。

- 公司产品成熟稳定,已经在很多外地客户那里得到了广泛使用,使用过程中基本不会出现问题。
- 如果产品出现问题,我公司服务人员可以通过远程登录系统等方式进行解决。
- 在项目正式上线运行后的半年内,我公司会安排项目实施人员留守,随时记录可能存在的问题,并培训客户方的维护人员。
- 我公司将根据项目建设和市场拓展情况,考虑在C集团所在地设立分支机构,提供本地化服务。
- 其他应急处理措施等。

后面就是紧张的报价谈判了。价格谈判主角是销售人员,售前主要是配合销售人员,从建设内容和详细需求层面,阐述我们报价的合理性,给报价做技术支撑。根据公司领导的指示,销售人员守住底线,客户也来回讨价

第14章 典型案例分享

还价,场面上的争执你来我往,最终我公司顺利中标该项目,中标金额近300万元。当天晚上,我和销售同事开怀畅饮,为这一项目的顺利落地举杯庆祝。

14.2.6 做好项目交接

C集团内外网门户及电子商务平台建设项目顺利中标后,我开始进行项目交接工作,分别完成了和销售人员交接、和项目经理交接。

和销售人员交接的工作内容主要为协助销售编写合同附件。因为本项目建设内容较多,需求较复杂,所以需要编写合同附件,作为项目后续验收的标准规范。合同附件如下。

- 《内网办公平台需求书》
- 《集团公司外网门户网站需求书》(含英文网站、手机网站等)
- 《集团公司下属单位网站群需求书》
- 《电子商务平台需求书》
- 《微信公众号需求书》
- 《智能搜索系统需求书》
- 《项目实施方案》等

在和项目经理进行交接时,通过召开项目沟通会议,我主要介绍了项目背景情况、客户联系人和工作方式、客户关注的重点内容、项目实施过程中可能存在的风险等信息,并将项目过程文档提交给项目经理。因为是外地项目,所以我没有参加项目启动会。但是在后续项目实施过程中,项目经理仍然和我保持着密切联系,我随时回答项目过程中的一些问题,项目实施比较顺利。

14.3 项目支持总结

C集团内外网门户及电子商务平台建设项目,从第一次和客户电话接触,到最后竞标成功,持续时间不到两个月,创下了公司成立以来大项目支持的最快成交记录,并且项目金额相对也较高。从售前支持的角度来看,总结起来,有几点做法值得参考借鉴。

14.3.1 判断商机：宁可信其有

刚开始接到客户打来的电话，我们公司的许多人都不太相信这是一个商机。有几个原因很容易让人产生疑问。

（1）这是行业内知名度很高的一个重要客户，日常应该有很多供应商在关注他们的项目，怎么还需要自己通过搜索引擎主动来寻找供应商呢？（这也看出了在主流搜索引擎做好业务推广的重要性。）

（2）客户是通过手机打电话来咨询的，而我们都知道，一般来说客户都是用固定电话外拨的，这不太符合常理。

（3）该客户虽然给我们留了固定电话号码，当我们想进行验证时，却很难接进去，不是占线就是提示空号。

（4）L主任是部门领导，正常流程应该是由项目具体经办人员第一次联系供应商。后来得知L主任在C集团信息中心的作用举足轻重，主管和负责很多信息化建设项目。

（5）在电话交流过程中，L主任一直强调项目"不差钱"，有好的产品和方案都可以提供给他们，而项目在立项之初一般都有基本预算。

根据以上种种疑问初步判断，这好像不是最终客户，很可能是来"骗"方案的当地小公司，在我们提交方案后，项目很可能就没有下文了。但是当时抱着"宁可信其有"的想法，我们还是认真准备，和L主任进行了深入的交流。我们公司领导也高度重视此项目，那时公司在客户公司所在地的邻近省份刚设立了办事处，因为技术力量还比较薄弱，为了做好售前支持工作，公司领导决定由总部直接支持，这样可以直接对接客户，方便沟通并及时响应客户的需求。在和客户进行了几次电话交流之后，一步一步了解客户的详细需求，为后来编写方案和正式拜访奠定了基础。

14.3.2 编写方案：以客户需求为基础进行扩展

在编写项目建设方案初稿时，其实客户并没有提出很具体的需求，只是提及需要建设几个子系统，需求比较模糊。经过和客户多次沟通后，我们才逐渐了解了具体需求。结合我们公司以往类似项目的建设经验，我们积极引导客户，不断补充内容、完善细节，加入了很多客户没有考虑到的内容，方案才最终定稿，并获得客户认可。所以，要想编写好方案，前提是售前工程

第14章 典型案例分享

师首先要了解客户的基本需求,然后还需要和客户多沟通、多引导,把售前的好经验分享出来。售前要"站"得比客户高、想得比客户多,并在基本需求的基础上进行扩展,这样编写出来的方案才能符合客户的要求,甚至超出客户的预期。

14.3.3 拜访客户:结合客户场景,体现专业性

这个项目的成功,应该说,第一次正式拜访客户起到了非常关键的作用。在此之前,我们售前去拜访其他客户时,一般都是和负责技术的部门进行沟通,充分展示公司产品的优点,所以重点就是在讲解技术和演示产品上。但是当参与交流的人员较多,并且以非技术人员为主时,如果交流还停留在以技术为主的层面上,不和业务场景结合,那么交流效果就会大打折扣,可能后续还得进行第二次、第三次交流。

正是因为得知第二天参与交流的人员大部分来自业务部门,所以我当天晚上紧急修改需要讲解的PPT。把PPT从以技术功能介绍为主,转变为以业务导向为主,其中替换了大量的内容。在交流中,我尽量用大家都听得懂的语言进行讲解,取得了非常好的效果。所以在和客户交流时,首先要判断客户身份,了解客户关注的重点,再结合不同的业务场景进行讲解,这样才能体现出售前工作的专业性。

14.3.4 竞标谈判:着眼当下,立足长远

虽然,这个项目中标金额看似比较高,但是测算下来实际利润并不高,甚至如果因为项目管理出现问题,可能还会亏损。因为项目建设内容比较多,而且又是在外地实施,交通费、差旅费等成本会很高。但考虑到C集团在行业里的知名度和影响力,如果我公司能顺利中标该项目,无疑会给公司带来很好的示范效应。所以在竞标谈判时,公司领导考虑的不仅是该项目本身,而是立足长远,希望在行业里占得先机,即该项目和公司其他项目相比,即使微利或者收支平衡,也要努力争取中标。后来事实证明,我公司报价的合理性和项目建设需求、售前工程师的分析判断、客户的心理预期价格基本一致,使该项目在实施阶段得以顺利完成,利润也符合预期。在该项目中标并顺利完成建设后,我公司还参与了C集团下属公司的其他项目建设,以及同行业的其他类似项目建设,都取得了很好的效果。

参考文献

[1] 萝卜,冰雕. IT售前工程师修炼之道[M]. 北京:清华大学出版社,2016.

[2] 王益民. 电子政务规划与设计[M]. 北京:国家行政学院出版社,2013.

[3] 柳纯录. 信息系统项目管理师教程[M]. 2版. 北京:清华大学出版社,2008.

[4] 陆宝华,王晓宇. 信息安全等级保护技术基础培训教程[M]. 北京:电子工业出版社,2010.

[5] 严体华,高悦,高振江. 网络管理员教程[M]. 北京:清华大学出版社,2018.

[6] 崔勇,吴建平. 下一代互联网与IPv6过渡[M]. 北京:清华大学出版社,2014.

[7] 张尧学. 大数据导论[M]. 北京:机械工业出版社,2018.

[8] 林子雨. 大数据基础编程、实验和案例教程[M]. 北京:清华大学出版社,2017.

[9] 维克托·迈尔·舍恩伯格,肯尼思·库克耶. 大数据时代[M]. 生活、工作与思维的大变革. 盛杨燕,周涛译. 杭州:浙江人民出版社,2013.

[10] 青岛英谷教育科技股份有限公司. 云计算与虚拟化技术[M]. 西安:西安电子科技大学出版社,2018.

[11] 吴季松. 人·人类·人工智能[M]. 北京:电子工业出版社,2018.

[12] 杨爱喜,卜向红,严家祥. 人工智能时代 未来已来[M]. 北京:人民邮电出版社,2018.

[13] 徐明星,刘勇,段新星,等. 区块链:重塑经济与世界[M]. 北京:中信出版社,2016.

[14] 杨保华,陈昌. 区块链原理、设计与应用[M]. 北京:机械工业出版社,2017.

[15] 任仲文. 区块链——领导干部读本[M]. 北京:人民日报出版社,2018.

[16] 国务院关于加快推进"互联网+政务服务"工作的指导意见(国发〔2016〕55号). (2016-09-29)[2018-10-22] http://www.gov.cn/zhengce/content/2016-09/29/content_5113369.htm.

参考文献

[17] "互联网＋政务服务"技术体系建设指南(国办函〔2016〕108号).(2017-01-12)[2018-10-22]http://www.gov.cn/zhengce/content/2017-01/12/content_5159174.htm.

[18] 国务院关于印发新一代人工智能发展规划的通知(国发〔2017〕35号).(2017-07-20)[2018-10-23]http://www.gov.cn/zhengce/content/2017-07/20/content_5211996.htm.

[19] 中共中央办公厅 国务院办公厅印发《推进互联网协议第六版(IPv6)规模部署行动计划》.(2017-11-26)[2018-10-25]http://www.gov.cn/zhengce/2017-11/26/content_5242389.htm.

[20] 国务院关于印发"十三五"国家信息化规划的通知(国发〔2016〕73号).(2016-12-27)[2018-05-23]http://www.gov.cn/zhengce/content/2016-12/27/content_5153411.htm.

[21] 中华人民共和国政府采购法.(2002-07-05)[2018-08-10]http://www.chinalaw.gov.cn/art/2002/7/5/art_11_88066.html.

[22] 中华人民共和国招标投标法.(2017-10-30)[2018-08-12]http://www.chinalaw.gov.cn/art/2017/10/30/art_11_206531.html.

[23] 国家电子政务工程建设项目管理暂行办法(发改委令第55号).(2007-08-13)[2018-06-19]http://www.ndrc.gov.cn/zcfb/zcfbl/200708/W020070829612447147067.pdf.

[24] 国家信息化领导小组关于我国电子政务建设指导意见(中办发〔2002〕17号).(2002-08-05)[2018-05-10]http://www.e-gov.org.cn/article-122761.html.

[25] 云计算.(2018-08-14)[2018-08-23]https://baike.baidu.com/item/云计算.

[26] 大数据.(2018-08-30)[2018-09-25]https://baike.baidu.com/item/大数据/1356941.

[27] 区块链.(2018-08-07)[2018-09-12]https://baike.baidu.com/item/区块链/13465666.

[28] IPv6.(2018-09-11)[2018-10-27]https://baike.baidu.com/item/IPv6/172297.

[29] 项目建议书.(2017-11-18)[2018-05-19]https://baike.baidu.com/i-

tem/项目建议书/10577748.

[30] Unix. (2018-06-06)[2018-03-17]https://baike.baidu.com/item/unix/219943.

[31] BSD 系统. (2018-04-15)[2018-03-17]https://baike.baidu.com/item/BSD 系统/372861.

[32] Linux 入门基础. (2018-09-24)[2018-09-28]http://blog.51cto.com/13985873/2280945.

[33] NoSQL. (2017-11-03)[2018-04-08]https://baike.baidu.com/item/NoSQL/8828247.

[34] 服务器类型. (2018-06-07)[2018-06-20]https://baike.baidu.com/item/服务器类型/586590.

[35] das,nas,san. (2018-08-11)[2018-09-16]https://baike.baidu.com/item/das,nas,san.